忙しい人でも
手間をかけずに株で儲ける
一点集中法

清水 健司

0. はじめに

本のタイトルに「手間をかけずに株で儲ける」と記載しているにも関わらず、いきなり冒頭からネガティブ表現になりますが。**株はリスクがあります**。

そんなことは皆さんもご存知だと思います。ただ、何故リスクがあるのでしょうか？それは誰も株価を正確に読めないからです。大手証券会社の腕利きトレーダもも自分で株価を読めるのであれば会社勤めなんてせず、自分だけで投資して儲けます。

では何故株価を読めないのでしょうか？それは世界中の投資家の考え、売買タイミング、予算がバラバラで、誰も統一出来ないからです。

そうなるといきなり本書の儲ける発言が嘘っぽい感じになってくるのですが、それでも勝つ方法が無いわけではありません。いや、どちらかと言えば**ほぼ必ず勝つ方法があるのです**。しかし本当にそんな方法があればとっくの昔にどこかの誰かが本として出していたりインターネットで公開していて有名になっていると皆さんお思いでしょう。しかし実際のところ、本当に有効な情報というのは特にインターネットのような無料で手に入るところでは公開されるものではありません。有効な手段というのは大抵それを編み出した人たちだけが自分を有利にするためにこっそり使い続けるものであるからです。

では本書を何故私が公開することにしたかと言うと、この儲ける手法に有効期限というものがあり、その期限が明確にはなってませんが割と近く、もう公開したからといって自分だけが有利になれる期間が少なくなっているのと、私自身もそろそろ今の手法から別の手法にシフトチェンジしようかと考えだしたからです（私が今の手法を止めようとしたかといってこれから示す手法は暫くの間は十分有効と確信しています）。有効期限がある理由や私がシフトチェンジしようとしている理由は本書を読み進めていく中で各所に散りばめてあります。

私は大学時代から株に手を出し、そこから20年以上、紆余曲折を経ながら今も一日も途切れずに株を運用し続けています（「途切れずに」というのは「持ち株数がゼロにならずに」という意味で、必ず毎日株価をチェックしていたという意味ではありません）。当然、その間にはリーマンショックや最近のコロナショック（と言うのか？）等、激しい嵐に揉まれて資産価値急落を経験しました。

そういった経験を繰り返していくうちに毎回反省しながら軌道修正を行い、最近出来上がった手法が本書で説明する「**一点集中法**」です。

我々は日々の仕事、作業が忙しく、よく判らない株に対してそんなに時間を割けません。そこで本書を使い、短時間で楽して儲ける方法を伝授したいと思います。

ただ最初に言っておきますが、この世に絶対というものはないので最終的には自己責任になります。

目次

1．本書の目的

一点集中法の説明に入る前に、本書の目的、読み進め方について触れておきます。

株で簡単に、かつ着実に儲けることは可能か？

皆さん、株って難しい、若しくは怖いですか？

「果たして株で簡単に、かつ確実に儲かる方法はあるのか？」

これは皆が一度は考えますが大体多くの方々はそんなうまくいくわけない。又はいかなかったという経験から「無い」と考えるでしょう。

あえてあるとすれば今、巷で話題のインデックスファンドに長期つみたて投資。これが世間一般に通った共通解かもしれません。

はっきり言って、日本経済は今後ずっと下り坂一辺倒です。その理由は少子高齢化が解決する見込みが全くもって見えないからです。

そんな中で日本株、それも個別株に手を出すなんてかなりリスクだとお思いでしょうか？

この本を読まれている方は会社員にしても主夫／主婦にしても学生にしても皆、日々の生活、作業に何かと忙しいと思います。実際、この本を読む時間すら勿体ないと思っている方もいるでしょう。しかしそんな中、本書を手に取って頂いた方々のために私が投資生活20年超えで培ったテクニックをなるべく最小の消費時間で伝えたいと思います。

本書は私が今までの経験で編み出した「一点集中法」という運用方法、テクニックを各章に振り分けて説明していますが、「一点集中法」以外でも私が経験してきた内容、注意点、豆知識等も随所に散りばめてあります。ですので一度読んだら大体は判ったとなるかもしれませんが、できれば一呼吸置いてからでもよいので本書を再度始めから読み直して頂くことをお勧めします。恐らく最初読んだときに気づかなかったことや意味が判らなかったことが判るかと思います。

また、私が経験上、大事だと考えていることは各章の一か所だけの説明ではなく、クドいくらいに他の章でも触れるようにしているため、読み進めると自然と株取引において気にかけておく点が身につくように書いたつもりです。

それでは、株取引の経験者も初心者も暫くの間、本書にお付き合い下さいませ。そしてこれから長い年月の間、一点集中法で資産をステップアップしていきましょう！

資産

◆短時間で行う

我々は皆、何かと忙しいです。会社員はブルーカラーだろうとホワイトカラーだろうと日々仕事や残業に追われてますし、学生は学業やクラブ活動、バイトがあり、主夫／主婦にしても家事は会社員や学生が休みの日でもあります。皆さん、株の値動きとにらめっこしている余裕なんてないのです。

そこで本書では「一点集中法」という私が実践しているテクニックをご紹介いたします。このテクニックを使うと、インターネット環境さえあれば日々の簡単な操作で着実に株で利益を上げ続けることが出来ます。

◆日本株にも狙い目はある

今、お話したとおり、日本株はそんなに将来が明るいわけではありません。しかし私たちは日本人、若しくは日本語が理解できる方であれば新聞、テレビ、インターネット等で日本株の情報を入手し、投資判断ができます。その分だけ他国の株に投資するよりもアドバンテージがあります。

常に他国の経済ニュースを目にする機会のある方であればその国の株でも問題ないでし

ょう。但し、それでも日本以外であればやはり安定度、成長度、両方から勘案すると、米国株が今のところおススメです。

アフリカ株とか、最後のフロンティアとか言われたりしてますが、初心者がいきなり攻めるのは危険だと考えます。その理由は後述していく日本株と同じなのですが、まだ規模が小さいため米国株の余波を受けやすく、それなら日本株で練習してからにしても良いと考えています。若しくは、米国株から勉強して幅を広げていく方が良いでしょう。

◆年金の足しにもなる

年金は以前から破綻しているとか老後に二千万足りないとか話題に事欠かないですが、この一点集中法はあくまでも年金の足しになる程度、若しくは生活に少しのゆとりを作る程度を狙っています。大当たりして一生遊んで暮らせるぜ！みたいなノリで進める考えではありません。

それはこの一点集中法の方針、ローリスク、ローリターンの精神から来ています。但し、あくまでも銀行預金レベルのリスクなしではなく、少しはリスクを取りますが、それを補って余りあるリターンは狙います。

コラム1「株との出会い」

私は今でこそこんな内容の本を書いてますが、私が株を初めて買ったのは大学四年生の終わり頃でした。

その頃、ミニ株という本来の価格の1／10の株数で買えるという制度があり（今もありますが）、それを使って本来は100株単位で80万くらいの銘柄（倒産して今はない某商工ファンド）を10株8万円で購入。学生時代はコンビニで深夜バイトをしていて、週2日入ると月8万円以上は手に入っていたのでそういう意味では月収丸々を投資した感じですね。

その頃は社会勉強のために購入した感覚もありましたが、ビギナーズラックともいいますか、社会人になってからその株が値上がりし、12万円くらいで売ったような記憶があります。そしてそのときは予算不足で差し引き4万の利益に留まりましたが、もし80万で買ってたら40万の利益？って考えだして株にのめり込んでいきました。

2．ほぼ必ず儲かる一点集中法とは

ほぼ必ず儲かる手法、一点集中法の概略を説明します。

一点集中法の概要

皆さんが怖いと思っている株をいかにしてほぼ必ず儲かるようにするか。その解のひとつとして私が実際に行っている『一点集中法』の概要をこれからご紹介します。

実は、一つ一つの要素は投資家としてはごくごく普通のものばかりです。しかしそれを組み合わせることによって総合的な戦略に仕上げているのが一点集中法の全貌です。

ではこれからひとつずつ説明していきます。

◆基本方針は目標年利10％

初めに言っておきたいことは、株はよく『買った当初からほったらかしにしていたらいつの間にか何倍にもなっていた』みたいな自慢話が聞かれますが、この本で紹介する一点集中法はそんな夢物語ではありません。ここで紹介する方法はもう少し現実を見た内容で、基本方針としては年利10％を目指します。

年利10％と聞いて『え?·それだけ?·』と思う方もいるでしょうし、『え?·そんなに?·』

と思う方もいるかと思います。今の銀行の低金利（2019年現在の都市銀行金利0．001％）を考えると年利10％は一万倍にも感じますし、ヤフー〈4689〉はITバブル時代に株価が100倍以上になったこともあるので、極端ですがそれに比べると見劣りするでしょう。しかし一般的に考えると年利10％を稼ごうと思うと、相当リスクを背負う必要があります。そんな中でも一番リスクの低い方法として編み出した戦略が本書でいう一点集中法なのです。

もしこの基本方針、目標年利10％が納得できないのであれば一点集中法ではなく、もっとハイリスク、ハイリターンな投資を選ぶ必要があります。

◆儲ける基本は安く買って高く売る！

当たり前であり、かつ絶対的ともいえる、儲けるための基本原則は**安く買って高く売る**ことです。若しくは順番を入れ替えて高く売ってから安く買う方法もあることはありますが、本書で扱う一点集中法では買ってから売ります。そしてこの安く買って高く売るという至極当たり前のことがなかなかできないのが株式投資のようです。

よく他の株の実用書では「損切り」という言葉が出てきますが、これは一度投資した株の銘柄に対し、一定期間値上がりするのを待っていたが逆に値下がりし、どうもこの株はしばらく元の株価にまで戻らないなと損を認識して売ってしまうことです。売った時点で損した金額も判るので「損を確定させる」とも言います。

損切りのメリットとしては元の額まで戻るのを待っているといつになるか判らないため、損を確定させることでいくらかでも原資を手元に戻し、次の投資に繋げるというものです。確かにこの考えは後述する一点集中法でも資本回転率を上げるという意味で一理あると思います。すぐ次の勝負を行うことで利益をまた少しづつ手に入れ、それを繰り返すことで損切りしたときのマイナスを補うことができます。損切りしなければもしかすると何年も（若しくは死ぬまで）株価が戻らず、投資チャンスを何度も失っていくことになる恐れがあります。

しかし私は損切りには反対派で、本書ではその手法は（なるべく）行いません。その理由は、損切りが癖になるとどんどん原資が削られていって目減りするのと、一点集中法はやり方を覚えていくと日々のルーチンワークとなるため、その中で損切を繰り返すと、損切作業をしてもそれが作業達成感に繋がっていき、本来の目的の**儲けること**が二の次になる恐れがあるからです。

そしてそうならないように一点集中法では初めに研究（リサーチ）してそういった株にはなるべく手を出さないようにしています。

◆買値を安くするにはナンピン買いが不可欠！

ナンピン買いが何か知らない方のために軽く説明したいと思います。ご存知の方であればこの項目は飛ばして頂いて結構です。

ナンピン買いとは、持っている株の値段が下がったとき、その株を再度下がった値段で買い増すことで持ち株の平均単価を下げることです。

例えば、1株100円で購入した株の値段が半値に下がったとします。それはそれで大変残念なことですが、そのときにその株を1株追加購入すると、持ち株は2株になりますが、平均価格は75円になります。

持ち株の平均価格が下がると何故良いかというと、それだけ後で売ったときに利益が出やすくなります。例えば、100円で1株買った状態のままのときは利益を出そうとすると101円以上で売らないと利益は出ません（実際は所得税や証券会社への手数料も払う必要があるので利益を計算する際はそれらも考慮する必要があります）。しかし平均価格7

5円で2株買った状態にしておくと、それを100円未満で売っても、例えば90円まで何とか値を戻したところで売ったとしても90−75＝15円×2株で30円の利益が出るのです（これも実際は税金等があるのでもう少し減りますが）。

これがナンピン買いの威力です。一点集中法の中心機構はまさしくこの部分で、これによって買った株が値下がりしても動じなくなるどころか逆に利益の元が出来たと感じ、嬉しくなります。

一点
集中法
ナンピンマン

◆一点集中法の戦略

一点集中法の戦略は、大きく儲かるのを待つのではなく、細かい儲けを繰り返し、通算して大きく儲けることです。その狙いは大きく次の2点になります。

（1）リスクを最小にする
（2）利益確保のチャンスを逃さない

他にも細かい狙いはいくつかあるのですが、ここでは大きくこの2点を挙げておきます。他の細かい部分は本書の随所に散りばめてあります。ではひとつずつ解説していきます。

《1．リスクを最小にする》

大きく儲かるのを待つのは大抵、かなり長い時間が掛かります。下手すると数年持ち続けても株価が大きく上がらず、配当金はそれなりに出るでしょうが、その間にその資金を他に有益なことに使えたはずという機会損失となる可能性が高いです。

そして最終的にプラスであれば御の字ですが、運が悪ければ徐々に株価が下がり、配当も減っていって手の施しようがなくなることも考えられます。更に会社四季報に載っているクラスの企業であっても倒産することは往々にしてあります。

短期間で株価が上がりそうな企業というのは大抵はベンチャー系企業等で、いわゆる大手企業ということは少ないです。大手企業だと発行株式数も多いため、少々の売り買いでは株価に影響を与えにくくなります。そのため、株価が上がりやすそうな企業を探すと新興系企業等、規模が小さい企業が見つかり、その株に手を出すと倒産や大幅な株価下落のリスクが高くなります。

《2．利益確保のチャンスを逃さない》

株を購入してある程度値上がりするのを待っていると、気が付けば1年経っていたということはよくあります。そして1年経った今、その株価が1年前に比べて変わっているかというとそんなに変わっていないこともよくあります。

しかしその間の株価の動きを見てみると、売りたいほどではないけど若干値上がりしていた時期があったり、逆に大した損ではないけど値下がりしていた時期があったりします。

1日の株価の動きを見るだけでも株価が全く動かず、グラフが真横一直線となることは少なく、大抵は細かく上下しています。その細かい値の上げ下げを利益化して掬い取っていくのです。何もせずに持っておくだけだと配当だけしか得られず、機会損失を計上したとも言えます。この細かい上げ下げを掬い取ることがこれから説明する一点集中法の狙いであり、戦略でもあります。

1年後の株価が今とほぼ同じであったとしても、その1年の間に株価が1万円分値下げ（例えば100株単位の株が100円値下げ）して値が戻るを10回繰り返していた場合、下がったときに買って値が戻ったときに売るを繰り返していれば単純計算で10万円の粗利を得られます（実際は手数料や税金が引かれるのでもう少し減りますが）。

2．ほぼ必ず儲かる一点集中法とは

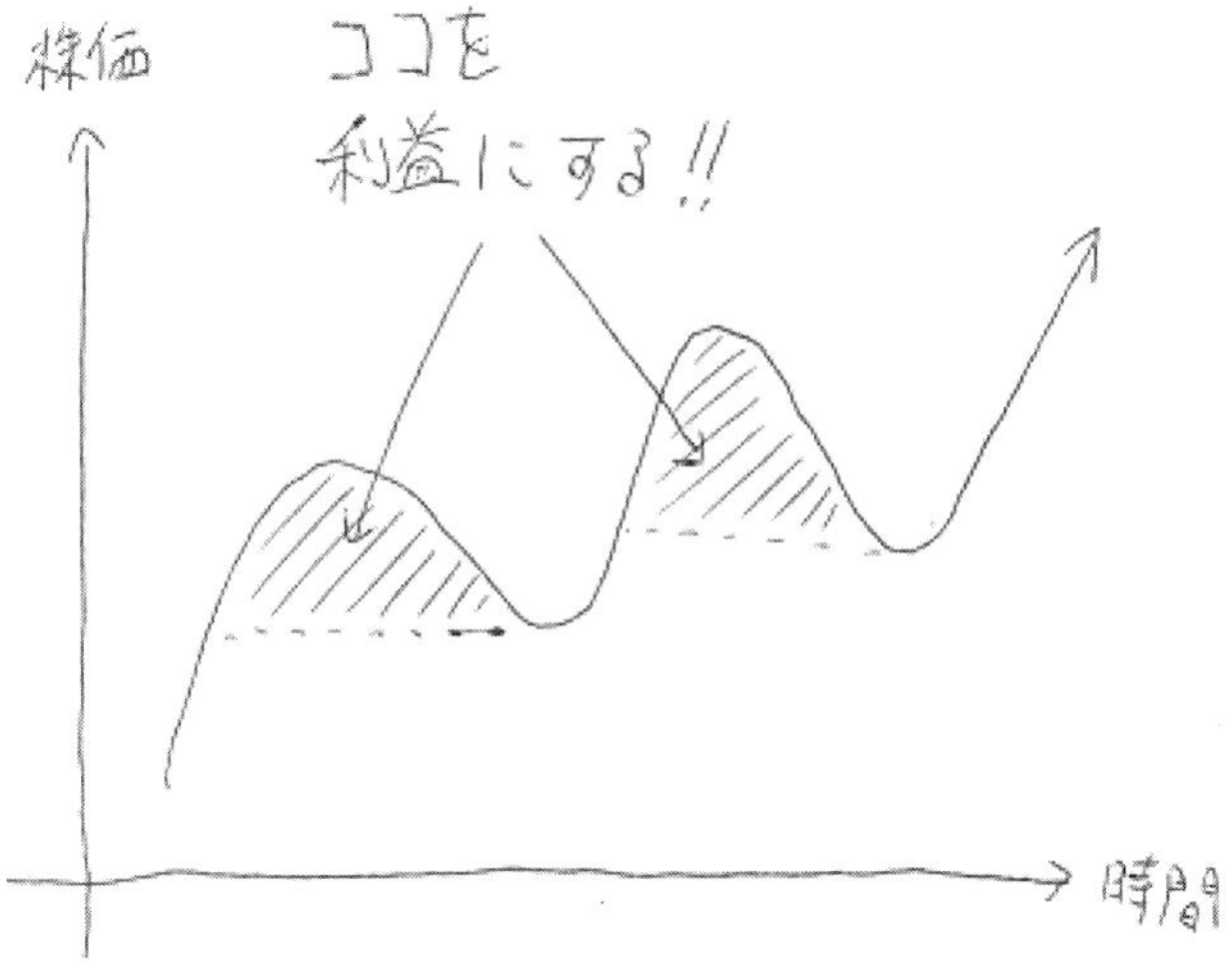

◆コツは一点集中攻撃

投資家の中にはリスク分散のために分散投資とのことで複数の株、若しくは債権や不動産に手を出す方がいます。しかし本書でおススメする方法は後述するインデックスファンドはありますが、基本的に株の一銘柄に一点集中です。他の投資材料に手を出しても他も必ず多かれ少なかれリスクはあります（銀行預金はリスクはほぼ無いですが、投資とは言えないのでここでは割愛します）。分散した結果、それぞれ個別にリスクの対応をしていくのは忙しい人にとっては苦痛です。

我々にそんな時間はありません。よって一点集中なのです。一点に集中すればリスク対応は一点で済みます。一点に集中するので想定される脅威に対して対策できる少ない時間をそこに全て注ぎ込むことができます。

◆一点集中攻撃のメリット

一点集中法は、まさに一点、一つの銘柄に集中して売り買いします。一つに集中するメリットとしては、その銘柄をずっと注視し、値動きの傾向を見ていることで段々その株のことが判り、儲かる境目を見極められるようになります。

数年扱っていると、この株はこの時期は大抵値下がりするとかこの程度の経営状況なら去年と同じ配当を維持出来そうとかが判ってきます。そうなるとここは買い時とか決算前に踏みとどまるか売り切るかといった思い切った決断も可能になります。

◆外野を気にしない

株価はいつ上がり、いつ下がるのかというのは一応、昔からの伝統的格言があります。それは「ハロウィン効果」とかいろいろな言われ方がありますが、要するに5月～10月は株価はあまり上がらず、11月～4月は逆に上がりやすいということです。

しかし一点集中法ではそういったことを気にしません。気にしない理由は単に毎日購入、又は売却を繰り返すことで利益を出し続ける戦略のためです。今が安い時期とか高い時期とかを意識してしまうと手が止まってしまい、ビジネスチャンスを逃しかねません。

一点集中法では後述するサンドイッチ戦略があり、この型にハマった株の株価はもう上がろうが下がろうがどう転んでも利益に結びつく可能性が出てきます。

あと、一点集中法は**気配**も気にしません。気配とは、証券会社のサイトとかインターネットで確認出来る、リアルタイムな投資家の注文状況板です。板は銘柄毎に存在し、その銘柄に対して世界中の投資家が今、株価いくらで何株売り買いの注文を出しているかを確認出来ます。これは一見、非常に意味のある情報に見えるのですが、案外これが宛てになりません。例えば朝9時の取引開始前の自分の保持銘柄の気配を確認すると自分が儲かる価格ラインに注文が集中していたとします。「これはイケそうだ！」と思って自分もその価格に注文価格を変更し、ワクワクして9時を待つと全くそんな価格で開始しないことは多々あります。どちらかというとその価格で始まることの方が少ないのではないかと逆に勘ぐりたくなります。

一点集中する前の銘柄リサーチ時に確認出来ればよいですが、もしかすると気配が宛てになる銘柄も中にはあるかもしれません。ただ、一点集中法では気配が宛てにならなかったからといってあまり戦略に影響はありません。結局、一点集中法では気配が示す価格とは関係なく、自分がプラスになる価格設定を行い、その価格になるまで待つだけなのですから（当初計画したプラス額を更に欲の皮を突っ張る方向に気配を見て注文価格を変えることはありますが結局宛てにならず、後でも元に戻すことが多々あります）。

◆日本株は米国株のカーボンコピーなのか？

リサーチしていると判りますが（「リサーチ」の詳細は5章参照）、大抵の日本株は米国株価指数（ニューヨーク・ダウ平均、又はS&P500）が下がると翌日それに引きずられて下がり、逆に米国の日経平均株価が上がると日本株も上がります。特に日経平均に使われる225社はその流れが顕著です。ただ、一点集中法に限っては必ずしもそうではありません。一銘柄に絞っての投資ですので、平均的な傾向よりもその銘柄独自の状況に左右されます。しかし将来的には日本人が減り、外国人投資家が増えていくので世界の影響を受ける傾向になることは十分に考えられます。

ちなみに、米国株は日本時間で言うと夜に取引が始まり、朝に終わります。よって朝の時点でダウ平均やS&P500が大幅に下落していると、その後取引が開始される日本株も大幅に下落することが多いです。逆もしかりで米国株が好調だと儲かった（取り戻した）お金で日本株を購入するのか日本株も上昇する可能性が高くなります。

しかし注意しておくことが一つあります。

時間軸的には日本の取引の方が先でその後に米国の順番になっているので、例えば金曜の昼、日本の取引が終わった後、日本時間の金曜の夜から土曜の朝まで米国で取引が行われます。

そうなると、日本時間の土曜の朝の時点で米国株価指数が大幅に下落していた場合、そのあと日本株が下がるのかというと、日本時間では土日に入っており、月曜の朝までは日本株を取引き出来ません。よって下がるとしたら月曜の朝の取引なのですが、実はそんなに下がらないことがあります。これは外国人投資家も一呼吸置くと冷静になるのかもしれませんが、日本株を売ることを忘れている可能性があります。

勿論、一点集中法で選んだ株は平均的な動きもするものもあるかもしれませんが、米国に振り回されずに独自の値動きをする株もあります。

ちなみに日本以外の株取引市場で意識しておかないといけないのは米国だけでよいかというと、今のところはそれでよいと考えます。米国以外でも大きな市場としてはロンドン、香港、上海が挙げられますが、どれもまだ米国に比べると桁が低いため、東証と同じ扱いと考えてよいと思います。ニュースを見ていると判りますが、他の市場も東証と同じように米国の株価に右往左往引きずられています。

◆米国株価指数はどちらを確認すべきか？

前述しましたが、米国株価指数は「ダウ平均」と「S&P500」の二つがあります。

これから説明する一点集中法では米国株価指数は前述した通り無視出来ないので、どちらを意識すべきか両方意識すべきかを簡単に説明しておきます。

結論から先に言いますと、ぶっちゃけ今のところどちらでも構いません。過去の実績からするとどちらも同じ値動きをしています。そしてこれは今後もしばらくは変わらないと思われます。よって本書の以降の章では基本的に有名なダウ平均の方で説明していきます。
一応、次で軽く両者の説明をしておきます。

《1．ダウ平均》

こちらの方が後述するＳ＆Ｐ５００より有名かと思います。「ニューヨーク・ダウ」とか「ニューヨーク平均株価」とか言われたりします。基本的には米国を代表する工業株銘柄３０種類で構成され、その平均株価を表します。ただ、工業株と言われながらも金融とか工業株以外も含まれてます。ただ、**マイクロソフト**とか**アメリカン・エキスプレス**等、どの企業も日本の有名企業クラスでは束になっても太刀打ち出来ないクラスが揃っています。

《2．Ｓ＆Ｐ５００》

こちらはダウ平均よりはネームバリューはマイナーなイメージを持っていますが、米国の複数の取引所で扱われている５００種類の銘柄で構成されている平均株価です。
ただ、数が多いからといってそれぞれが小粒企業かというとそういうわけではありません。**アップル**とかこちらにも**アメリカン・エキスプレス**等、ダウ平均と重複している銘柄も含んでいます。

コラム2 「昔も今も狙い目はＩＴ業界」

私が社会人になった頃、当時は「就職氷河期」という言葉が流行語大賞にノミネートされていました。

その当時は今と真逆の買い手市場でした。そんな中、少しづつ人気が出てきていた業界はＩＴ業界でした。当時は「就職氷河期」も人気キーワードでしたが、「これからは情報化社会だ」というフレーズもよく就職活動で使ってました。

それ以外では当時の翌年くらいから「介護サービスの自由化」も確か始まりだした時期だったと思いますが、その業界は当時も今も自由競争による価格破壊で収入が上がらないという弱点で人気は無かったですね。

私が社会人になった頃はＷｉｎｄｏｗｓ９５が出た年で、それまではパソコンは真っ黒い画面にコマンドを手打ちしていたのがマウスでクリックするというＩＴ業界の転換期に突入した時代でした。

3．一点集中法 詳細編

ではお待たせしましたが、ほぼ必ず勝つことができる一点集中法を大公開します。

一点集中法の流れ

ではいよいよ一点集中法の中身の個々の説明に入ります。一点集中法とは次の３つのアプローチで構成されています。

一点集中法は次の流れで行います。

（1）口座を用意する（今、持ってない方のみ）
（2）ターゲットを決める
（3）集中銘柄を購入
（4）購入銘柄を売却

（1）は最初の一回のみ。これは今、証券口座を持っていない方のみが対象です。（2）は（4）の後、集中銘柄を変更しない限りは基本的には一回のみ。何もなければ（3）、

（4）をひたすら繰り返します。前述したナンピン買いをするときは（3）だけを連続して行ってから（4）を一度実行ということもよくあります。

（1）、（2）に関してはこの後の章で詳しく説明するため、この章では（3）と（4）について説明します。

◆（3）集中銘柄を購入

口座開設も完了し、リサーチして集中する銘柄も決まればいよいよその銘柄を購入します。購入するのは単に自身が会員となっている証券口座会社が提供するインターネット環境の画面で銘柄を選択し、ポチッと購入ボタンを押すだけです。

・・・と書きましたが、実際はボタンを押すだけではなく、いくつか情報を入れる必要があります。その情報のうち、主なものは次の項目です。

（3－1）銘柄コード
（3－2）注文数量
（3－3）注文単価

（3―4）期間指定
（3―5）口座区分

実際の入力画面にはこれ以外の項目もありますが、これ以外は基本的は無視してもよいでしょう。ではひとつずつ見ていきましょう。

《3―1．銘柄コード》

購入する際、リサーチして決めた銘柄を指定してあげる必要がありますが、銘柄の指定は銘柄名ではなく、銘柄コードというものがあり、そのコードで指定します。そうしないと、同じ銘柄名の会社が複数あった場合、証券会社は注文者がどちらの会社を希望しているのか判断できないからです。銘柄名は同じものはありますが、銘柄コードは同じものはなく、必ず一意となります。

銘柄コードはインターネットで検索して確認することが出来ますし、会社四季報でも確認できます。

図１

例えば、図1に載せている、「SHIFT」であれば、銘柄名は「SHIFT」で、銘柄コードは「3697」です。今のところ、どの企業の銘柄コードも数字4桁です。

同じ銘柄名で別企業の例として、「フジコー」という会社が四季報に記載されています。ひとつは銘柄コード「2405」で、現時点（2019年夏）で東証2部に上場している企業です。もうひとつの方の銘柄コードは「3515」で、こちらはジャスダック市場に上場しています。それぞれ全く別の事業を行っている会社で全くの別物です（ちなみに2020年1月現在では東証1部2部、ジャスダックと記載していますが、2022年頃再編成の予定）。

図２

銘柄コードはインターネット検索と親和性が高く、銘柄名で検索しても銘柄コードが上位に出てくるかはそれぞれですが（有名企業であればその企業のホームページや商品ページが出ることが多い）、銘柄コードだと、ＧｏｏｇｌｅやＹａｈｏｏ！サイトであれば銘柄コード４桁だけを入力して検索してもその企業の株価情報がすぐ出てきます。

《３—２．注文数量》

注文数量は、何株買うかです。指定は単位数の倍数で指定しますが、ここで注意することは、ここで注文した数量と同じ数量をこの後、追加で更に４回、できれば５回注文できる予算を考えて注文数を決定します。但し、同じ注文数ですが株価

図3

は少し下げた価格で計算して構いません。

例えば、初回購入時、100株単位の銘柄の株を株価8，000円で購入した場合、追加で買い注文を出すとするとそれはナンピン買いにあたるため、注文数量は同じく100株ですが、注文単価は7，900円等、そして更にその次は7，800円等、下げた価格でナンピン買いを4～5回できる全体予算を考慮して注文数量を決めます。

単位数は会社四季報やインターネットの情報で調べることが可能です。大体の銘柄は100株単位か1000株単位のどちらかです。（四季報の単位数欄を載せたい）

《3―3．注文単価》

注文単価は「指値」と「成行」の2つに分かれ

ます。「成行」とは自分で購入、又は売却時に株価を指定せず、購入なら売りに出されている価格、売却なら購入したいと言っている人の価格に合わせて購入／売却するという注文方式です。これが一番早く売り買いできる方法なのですが、一点集中法では採用しない方式です。何故なら、株価を成り行きに任せると利益を確保できる保証がないからです。特に一点集中法では細かい価格指定を繰り返して利益を積み重ねていくため、ここは必ず「指値」を選択します。

《3―4．期間指定》

期間指定は売り、又は買い注文を出した後、すぐに売れなかった、買えなかった場合にいつまでその条件（価格等）での売り注文、買い注文を出し続けるかという設定です。証券会社によって指定できる種別は違いますが、よくあるのは「本日のみ」、若しくは「今週中」で、それ以外にもいつまでといった日にち指定が出来るところもあります。

基本的には株取引は1日の中においても早朝や夜遅くはやっていないため、1日単位で区切りがありますが、週単位においても土日祝日はやっていないため、月曜～金曜が範囲になります。なので「本日のみ」を選んでも朝9時から15時まで（東京証券取引所の場合です。証券取引所によって少し違います）で一旦、注文は解除され、「今週中」としても金曜の終了時点（金曜が祝日の場合はその前日。平日があるまでさかのぼる）で注文は解除されます（「今週中」の指定もシステム上の中身は「本日のみ」注文を本日が終わった時点で自動的に金曜まで追加で繰り返し自動注文しているだけです）。

よって「本日のみ」で注文していた場合、本日が終わった時点で売り買いが成立しなかった場合、自分で更に同じ条件で注文を出すのか、条件（売り買いの価格等）を変えて出すのか自分で選択します。「今週中」を選んだ人も金曜が終わった時点で注文が成立してなければ追加でもう一週注文を出すのか自身で判断します。

しかし「今週中」と注文を出しておいても途中で「本日中」に変えたり注文を破棄したりは可能ですのでその一週間は身動きがとれなくなるといった心配はありません。

《3―5．口座区分》

「一般口座」、「特定口座」、「ＮＩＳＡ」の3区分があります。ＮＩＳＡは年間の利用可能額があり、購入する毎にその額が減っていきます。それぞれメリット・デメリットはありますが、本書では「特定口座」一択です（詳しくは4章を参照）。証券会社によっては4

章の口座開設時にどの口座にするか聞かれると思いますが、実際の注文時にも臨機応変に注文出来るように口座を選ぶことが出来ます。

◆（4）購入銘柄を売却

購入した銘柄を売却する条件はいくつかありますが、この売却に関する部分は一点集中法の中でも重要な部分でもあり、少し細かくなりますがページ数を割いて説明していきます。

では一点集中法で考える売却条件を次に記載します。

（4―1）株価が購入した時より上がった場合
（4―2）株価が持ち直した場合
（4―3）一点集中法を終えるとき

ひとつずつ見ていきます。

《4―1．株価が購入した時より上がった場合》

一点集中法の流れの中で、一番普通の売却パターンです。配当を除けば一点集中法で利益を出す唯一の方法と言っても構いません。

売るときは、大抵はナンピン買いをした後だと思われますので、売る前の平均価格と今の株価の差額に持ち株数を掛けて利益を計算します。それに証券会社に払う手数料や税金を差し引いた額を計算し、利益が出るかを確認します。

《4―2．株価が持ち直した場合》

持ち株の株価が下がり続け、ナンピン買いを繰り返したものの予算が尽き、後述する援軍待ちの場合、もはやそれ以外の手としては基本的に株価が持ち株の平均株価まで持ち直してもらうのを待つだけです。その際、一点集中法で大事なことは一回の取引での利益を大きくすることではなく、小さい利益でも売り買いの回転数を増やすことです。そのためには、予算が尽きている今となっては手元に現金を戻すことが最重要命題となります。よって予算を次ぎこんだ割に利益があまり出てなかったとしてもこの際、関係ありません。利益ほぼゼロだとしても一気に全株売り切ってしまいましょう。

《4―3．一点集中法を終えるとき》

一点集中法を終えるとき、それが意味するところはいくつかのパターンに分かれます。大きくは「別の銘柄で一点集中法を行う場合」と、「一点集中法による投資生活をやめるとき」の2点だと思います。このうち後者の方は10章の方で述べますので、ここでは前者について触れておきます。

一点集中法で別の銘柄に乗り換えたくなる場合はいろいろありますが、よくあるのは次の3点だと思います。

（4―3―1）一点集中法の選定条件を外れた場合
（4―3―2）その企業の先行きが怪しくなった場合
（4―3―3）もっといい銘柄を見つけた場合

ではひとつずつ見ていきましょう。

《4―3―1．一点集中法の選定条件を外れた場合》

リサーチをある程度行って問題無いと判断し、その銘柄に対して一点集中法で運用を始めていましたが、当初、銘柄を選定した条件（5章参照）をその銘柄が外れた場合、今は問題無くても条件によっては今後影響が出てくる可能性があります。条件の中でも一番早く影響が出やすいのが「株価の下落」だと思われます。

株価が下落しているということは投資家がその銘柄を敬遠しているということを示しています。一瞬下がるだけであれば単に仕込み時期（平均単価下げのチャンス）で問題ありませんが、運用を続ける中で徐々に株価が下降線になってきて、売り買いの1回転による利益が少なくなってきたなと感じ始めたり、1回転の成立期間が長いなと感じ始めるとその銘柄からは卒業する機会かもしれません。必ずしもそうだとは言えませんが、これについては今までのリサーチ経験、及び実際に運用してみた経験、周囲の経済状況から判断するしかありません。

株の購入に関しては会社や学校、部活、及び結婚生活を辞めるときみたいなドロドロした人間関係は無いため、辞めたあとすぐにやっぱり買い戻しますっていうのもアリなので危険を感じたら一度売り捌いて一呼吸置くのは全く問題ありません。

株価以外で今後の運用に影響を与えそうな要素としては「配当金額の低下」もあります。

必ずしもそうとは言えませんが配当金が下がることも投資家の数が減る一因になりますので、一点集中法のスタンスは配当金獲得が目当てではありませんが違う銘柄に鞍替えする機会として気にしておいたほうが良いと考えます。

《4―3―2．その企業の先行きが怪しくなった場合》

その銘柄を選定した当時の条件を維持していてもその企業が何か訴訟問題を起こされたり悪いイメージを受けるニュースが出たりし、経営に影響が出そうな雰囲気になることはあります。その際、その影響が一過性のものなのか長い期間続きそうなのか、若しくは期間は短くても一撃で大ダメージをくらいそうなのかは早めに見極める必要があります。一過性のものであり、かつ今、更にナンピン買いをする予算があるのであれば逆にチャンスになることもあります。

この悪い条件になったとき、その銘柄を売り捌く条件は一点集中法とは関係無い話ですが、私の場合は2つだけです。一つはその会社の倒産が決まった、若しくはほぼほぼ決まったとき。そしてもう一つは怪しいけどまだそんなに値が下がっていないとき。これだけです。これ以外だと売らずに塩漬けにしておきます。

前者の方の倒産の定義は破産とか会社更生法適用とかいくつかに分かれますが、株主はどちらにせよ泣き寝入りすることになるため、いくらかでもお金が回収出来るのであれば早めに売り切ります。これはもう運が悪かったと諦めるしかありません。どれだけ念入りにリサーチしたとしても会社の外部から判ることはタカがしれているのです。

そしてもう一つの後者の方の怪しいけどまだあまり値が下がっていないときというのは、そんなに大ダメージではないのであれば少々損はしても社会勉強だったとして一気に売り切って資産を回収しましょう。

それ以外でもう既に大ダメージを受けて大幅に値が下がっている場合は売って損するよりはいつほとぼりが冷めるか判りませんが、保持し続けて少しでも配当金を貰い続けましょう。

しかしこの保持し続ける株は一点集中法の枠組みから外れます。これらの株に対して値が下がったとしてナンピン買いを行ってもその後、値が戻る可能性は暫くの間はありません。若しくはもう戻らないのかもしれません。お金をつぎ込んでも勿体ないだけですので触らずにただひたすら放置するだけにしましょう。そしてほとぼりが冷めたとき、冷静になってこの株をどうするかはそのときの状況（そのときの株価や自身の状況、周囲の状況）を見て柔軟に判断しましょう。

《4—3—3．もっといい銘柄を見つけた場合》

複数銘柄をリサーチするのは良いことで、この結果一つの銘柄に対して一点集中法を適用したが平行して適用しなかった銘柄に対しても横目で株価の推移をみることはあります。そうすると、適用しなかった方の株価の方が良い動きをしていて「失敗したか？」と考えることも出てくるでしょう。その場合でもなるべく損害は低めに今の銘柄から現金を回収します。

ただ、一点集中法は腰をじっくり落としてその銘柄の相手をする戦法です。なるべくならコロコロ集中先を変えず、自身の選んだものを優先しましょう。「隣の花は赤い」という言葉があるように、選ばなかった株の値動きの方がよく見えることはよくあります。それで隣の株に鞍替えしたとすると、鞍替えした途端に元の株の方がいい値動きになることもよくあります。一番良くないのはコロコロ集中先を変え、変える都度、手数料や売却損を計上し、ジリジリ種銭が削られ、無くなっていくことです。よって今よりいい銘柄に鞍替えする場合は今の集中先としっかり取り組んでみて、それでもやっぱりという場合のみ検討して下さい。

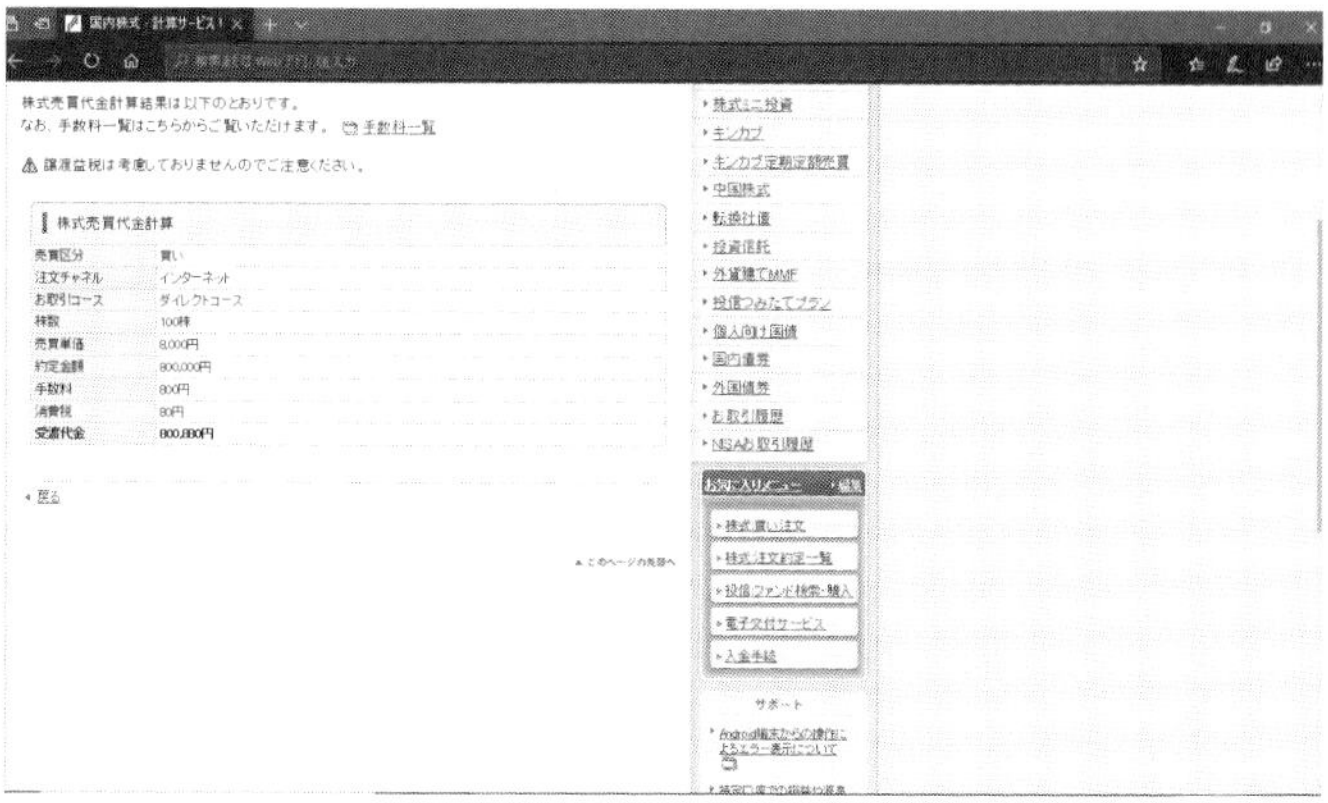

イメージ1

◆利益は万単位で確保したい

利益で万単位を確保したい理由は、利益が少ないと証券会社に払う手数料や税金を引いた後、利益が少なくなってしまうためです。あまりに利益が少ないと、手間暇がかかるだけで何のために売り買いを繰り返しているのかといった状況になります。

しかし前述した通り、時と場合に寄ります。最悪、ナンピン買い予算を使い切った状態のときは手元にお金を戻すことが大事。そういった場合は少しでもプラスになれば一気に全て売り切りましょう。そのとき、手数料や税金も考慮してマイナスにならないか確認しておく必要があります。差し引かれる金額計算は各証券会社のサイトで簡単に出来ると思います（イメージ1）。

コラム3 「狙いたくない業界」

私が株を買う際、どんなに今、経営状態や配当が良くても狙いたくない業界があります。それは**不動産業界**の銘柄です。その理由は、皆さんも薄々感じているかと思いますが、日本の人口は年々減っているのに住宅やマンションを次々に建てていくという今の現状。当然その結果、どうなるかは判ると思います。人の入らない空き部屋ばかりのマンションが増え、住んでいる人たちは住んでいる人たちだけでマンションの管理費を捻出しないといけませんが、人数が少ないと頭割りの額が大きくなり、管理出来ずに荒んだマンションになっていきます。こういったマンションが増えていくと町のスラム化にも進んでいきます(古いマンションを壊すお金も捻出出来ませんし)。当然、そんなマンション、地域の住宅は誰も買わなくなり、流通も止まります。

マンションの寿命は日本で初めて建った当初、約60年くらい?と言われていて、昨今、それくらい経ちました。最近のタワーマンションの寿命はどうなんでしょうか・・・

4．口座を用意する

一点集中法を実践する前にまずはその土台である口座を準備します。もう既に証券口座がある方はこの章は飛ばして頂いても構いません。

口座は大きく3種類

以前は株を購入できる証券口座は一般口座と特定口座の2種類でしたが、今はNISA口座が増え、大きく3種類の証券口座があります。

◆どこで口座を開設するか

昔は手数料が高かったのですが、今は各社ネット取引であればかなり手数料が安くなり、そんなに違いがないため、基本的にはどこも大差は無いと考えます。もしそこがインターネット取引を未だに出来ないとかであれば別ですが、今はそんな証券会社は殆ど無いでしょう。欲を言うと、新規で開設するなら後述するおススメのインデックスファンドを扱っている証券会社が良いと思います。

◆おすすめ証券会社

基本的にはどこでもよいと記載しましたので、今既に証券会社の口座をお持ちの方はそのままで構いませんが、これから口座を作る方々のために私がおすすめする証券会社をあげておきます（勿論ここでないといけないということは全くありません）。初めて口座を作るなら今の時代、ネット証券で十分でしょう。昔は証券会社の窓口に行くとお年寄りが毎日の暇つぶしも兼ねて受付の方と会話を楽しんでいたり、杖をついて腰が曲がったおばあちゃんが万札の束をドサっと出して機械でバラバラ枚数を数えていたりと今ではあまり見ない光景でしたが最近は逆に窓口に行くと煙たがられます（一応、丁寧に「ネットでやった方が手数料が安くなりますよ」と説明してくれますが）。

脇道にそれましたがでは簡単におすすめ証券会社を2社、紹介します。

（1）SBI証券

2019年時点でネット証券の口座数ナンバーワンという安心感。それどころかこの会社、そのうちネット証券以外も入れた日本の全証券会社のトップに躍り出てもおかしくないパフォーマンス。

（2）楽天証券

各種取引で楽天ポイントが貰えるため、カードを持っている方からすると良い選択肢。

この2社は甲乙つけ難いので個人的に順位があるわけではありません。この2社が他の証券会社と比べて共通的に良い点は手数料の安さといろいろなサービスがあることです。順位は各証券会社のサイトを見て皆さんで付けて頂ければと思います。

◆口座の特徴

3種類ある口座のうち、私たちがどれを選ぶかですが、まずそれぞれの特徴について触れておきましょう。

（1）一般口座

メリット：　特定口座では扱っていない商品あり。

デメリット：　利用者自らで得た利益分の確定申告が必要。

（2）特定口座

メリット：　特定口座も源泉徴収有りと無しの2種類がありますが、有りの場合は税金は自動的に天引きされ、利用者側で確定申告は不要。

デメリット：　一般口座で扱っている一部の商品を扱えない。

（3）NISA口座

メリット：　一定期間、一定額内だけ儲けた利益分の税金が優遇される。

デメリット：　手続き、仕組みが複雑で面倒。しかも毎年一定額の範囲でしか運用出来ないため、他の口座と併用しても他の口座と合わせて損益計算出来ず、下手すると特定口座のときよりも多く税金を払う可能性もある。

◆忙しい我々は一択

私たちは皆、忙しく、確定申告なんてしてる時間はありません。

それに一般口座のメリットと言える、特定口座で扱えない商品も本書で扱う一点集中法では使わない商品のため、関係ありません。

ＮＩＳＡ口座もいろいろ面倒な割に一点集中法で扱う予算では優遇範囲が足りないため、メリットは殆どありません。ＮＩＳＡの年間上限額を超えた分は通常の口座で取引は可能なのですが、売り買い時の損益計算が別扱いになり、ナンピン買いした場合に損しているのか得しているのか判断が複雑になり、かつ売るのも両口座分を一緒には売れないので実際利益も計画通りに進め辛くなります。

つまり、私たちが選ぶ口座は「**特定口座の源泉徴収有り**」一択です。

コラム４「コロナの頃な・・・」

リーマンショックも大ダメージを受けましたがコロナウイルスでも大ダメージを受けました。本書を読む前から株を持っていた方々は、日本も世界も同様のダメージを受けたと思います。株を持っていなかった方々からすると「それ見たことか！」といった感じでやはり株に手を出さないままになるかもしれません。

しかし株でノーリスクはありえないため、避けては通れない道です。しかも毎回、予期せぬ方向からのパンチが突然飛んできます。リーマンショックも（我々からすると）突然でしたがその後、同じ過ちは起きないようにと世界中で対策が取られました。でもやはりまた全く違う方向からのコロナパンチ・・・。今後の対策は取れるのでしょうか。毎年新ウイルス発生！みたいなことにならなければ良いですが。ただ、一点集中法は他の投資手法よりはまだこういったダメージに耐えられる方だと思っています。

いつか平和になったとき、「それはだいぶ昔やで。確かあのコロナの頃な。」みたいな会話が出来ればと。

5．ターゲットを決める

土台が出来た後、次に一点集中するターゲット株を決めることが次の工程でもあり、かつ一点集中法の最重要ポイントでもあります。

ターゲットを決める

一点集中法で一番難しいところ、そしてそこが決まると後はほぼ安泰とも言えるところ、それがターゲットとする株（銘柄）を決めることです。

ターゲットは次の要領で決めます。

（1）「会社四季報」を用意する
（2）「ターゲットの条件」で銘柄を選択
（3）選択した銘柄をリサーチする
（4）リサーチした中からひとつを選ぶ

では一つずつ見ていきましょう。

《1.「会社四季報」を用意する》

ターゲットを新規で決める場合、若しくは暫くその銘柄を購入していなかった場合は会社四季報を確認した方が良いです。会社四季報は書店で分厚い書籍としても売られていますし、ＣＤ版や有料のオンライン版もあります。私は昔人間だからか本が好みです。ただ本だと検索は出来ないので必要に応じてインターネットで検索し、じっくり確認する際に本を利用します。いろいろな条件で検索することが多い場合はＣＤ版やオンライン版の方がよいかもしれません（ＣＤ版とオンライン版は別のサービスで、内容が全く同じではないようです）。

《2．「ターゲットの条件」で銘柄を選択》

後述する「ターゲットの条件」に合う銘柄を会社四季報からいくつかピックアップします。ピックアップする条件は後述する条件だけでなく、自分の予算もある程度考慮しておく必要があります。今の株価で何回かナンピン買いが出来る予算がないと一点集中法は失敗する可能性が高くなります。

最新の会社四季報には最近の購入価格が記載されていますが、あくまでも最近の価格なので今ならいくらなのかインターネットで実際に検索する必用があります。後述しますが時期によっては記載されている価格よりかなり上又は下にブレていることは多々あります。

《3．選択した銘柄をリサーチする》

ピックアップしたターゲット銘柄をいきなり買っても、一点集中法で定義する株であれば儲かる可能性はありますが、でも1％でも儲かる可能性を更にアップさせるため、一度リサーチすることをお勧めします。

リサーチの期間は実際のところ、長ければ長いほど精度は上がります。その銘柄特有の上げ下げの変化は年末年始でも違えば旅行会社、航空会社のようなところはゴールデンウィークの状況でも違うでしょう。しかも同じゴールデンウィークでも連休の繋がり具合や台風等の天候で年によっても異なります。そこまで考えると、もはや人間技ではなく、AIに頼らないと判らないことになります。

しかし我々にはそんなに精密に調査する時間はありません。そこでリサーチするポイントだけ押さえてそこだけをピックアップして確認します。そのポイントは後述します。

とりあえずここでのリサーチとは、買ったつもりでそのときの株価をメモしておいて様子を見ることです。

《4．リサーチした中からひとつを選ぶ》

複数の銘柄をリサーチした中で、頻繁に、かつ小幅で値段が上げ下げしているものを一つ選びます。どうしてもこの二つが甲乙つけがたいということがあるかもしれません。しかしそれでもどちらかを選びます。何故なら分散してしまうとナンピン買い予算も倍要ることになり、下手すると共倒れになる可能性が出てくるからです。それが怖いので一点に集中するのです。その株価で5～6回以上ナンピン買いできるかを考慮してください。もしどうしても選びたかったけど除外した方は、一点集中法を始めたけど急に値動きが期待通りにならなくなったとき等（4．3章参照）の引っ越し先としてキープしておきましょう。

◆ターゲットの条件

ターゲットとなる株式の条件として、私は次の5点を考えています。強く優先順位を意識しているわけではありませんが、一応、優先順に記載しています。

普通、購入する株を選ぶ場合、ＲＯＥとかＰＥＲとか他にも見る指標はありますが、一点集中法ではあえてそこは気にしません。その理由はこれらの値は業界によっても目安が変わってきますし、挙げている5つの条件に当てはまる中で更に他の条件を入れて選抜するとその後の株価の変動をリサーチして自分にあった銘柄を見つけるのに苦労するためです。但し、選別した最後の最後で甲乙付け難い状態になったときは一部確認してもよいため、その見方は後述します。

（1）浮動株比率が低い
（2）配当が良い
（3）それなりの株価を維持
（4）企業の規模が大きい（日経平均225内が望ましい）
（5）過去3年以上、経営状態良し

では一つずつ見ていきましょう。

《1．浮動株比率が低い》

株価が上がったり下がったりは何故起こるのでしょうか?会社の業績が上がったから株

価が上がるのでしょうか？会社の業績が下がると株価も下がるのでしょうか？答えとしては間接的にはその通りになることが多いのですが、直接的には少し違います。

その会社の株を買いたいという人が売りたいという人より多ければその会社の業績が悪かろうが事件を起こして新聞やテレビを賑わせようが株価は上がります。なので浮動株比率が重要なのです。

そもそも浮動株比率とは、浮動株が全発行株式数のうち、どれだけの割合かを示す値ですが、その浮動株というのは、その会社が発行している全株式のうち、投資家との売り買いによく利用される株式のことです。よって浮動株比率が大きいと投資家同士で売り買いできる株式数が多く、少々の取引が発生した程度では株価の変動は起こりにくくなる傾向があり、逆に浮動株比率が低いと取引可能枠が少なく、投資家同士で奪い合いが起こり、ちょっとの取引数で株価が変動しやすくなります（必ずしもこの法則にあてはまるとは言い切れませんが）。

ニューヨークダウの平均株価が上がったときに日経平均株価が引き上げられるのも同じ理由で、単に米国株で儲かった投資家がその余った資金で日本株を買おうとし、売りたい人の希望が叶えやすくなるからなのです。日本の株を買う半分以上の投資家は外国人なので、外国人投資家は日本に投資もしてますが、それ以上に日本より桁違いのスケールを持つニューヨークダウにも投資しています。

ではは浮動株比率がどのくらいの値であれば低いと判断してよいかということですが、これは人によって考え方が違いますが、私の場合は出来れば20%未満。少なくとも30%未満の企業にしています。それ以上だと高いのかというとそういうわけではありませんが、今までの私の経験上、これくらいの数字以下だと値動きがそれなりに行われる傾向があります。

浮動株比率は会社四季報で確認出来ます。写真の例を挙げておきます（イメージ2）。

《2．配当が良い》

配当（配当金）とはその株を発行している会社が1年間活動を行った結果、儲けた利益の一部を株主に還元するお金のことです。年に1回出すところもあれば、中間決算も入れて年2回の会社もあります。

配当が良い（高い）といろいろなメリットがあります。まずは株価が上がるまでの期間が長くても配当が定期的に出るので利益を確保できます。また、配当が良いと配当狙いの

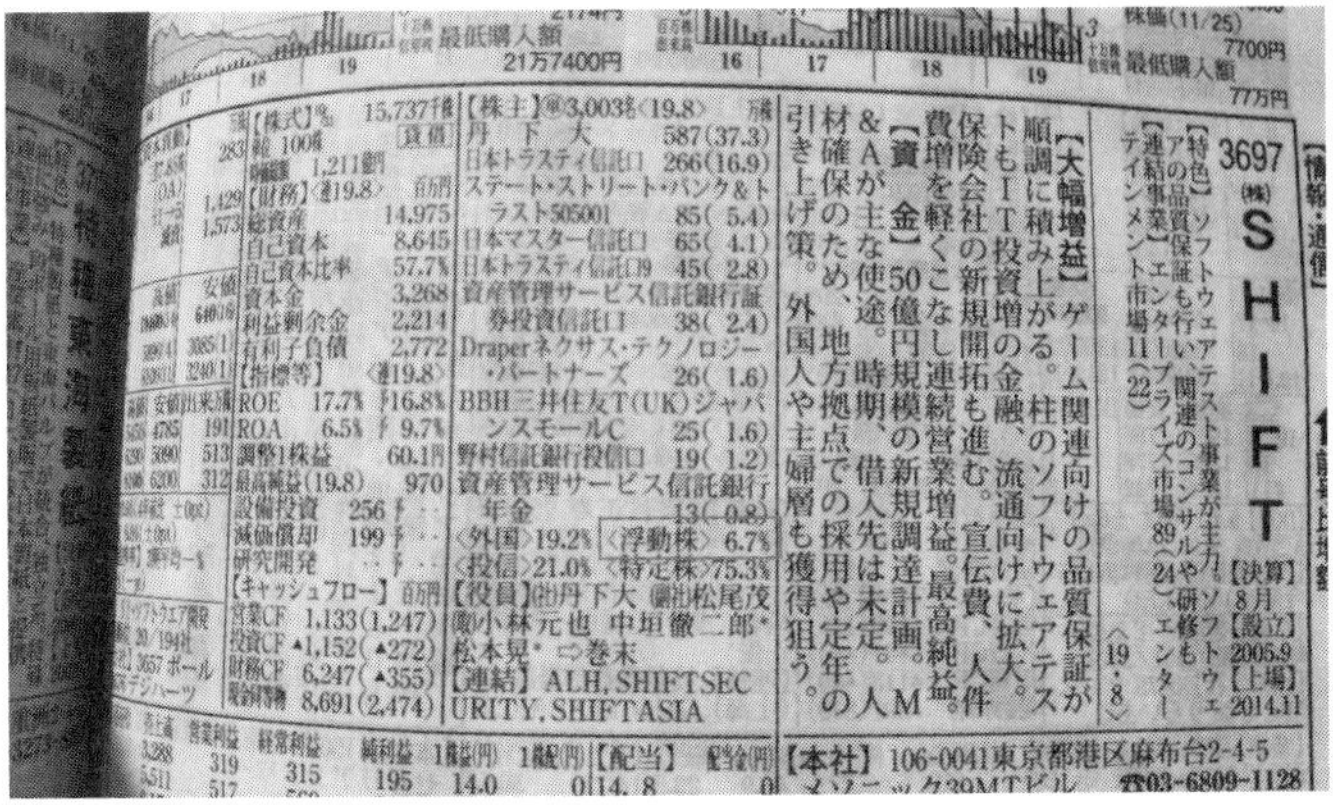
株価(11/25)
7700円
最低購入額
77万円

【情報・通信】

3697
(株)SHIFT

【特色】ソフトウェアテスト事業が主力。ソフトウェアの品質保証も行い、関連のコンサルや研修も
【連結事業】エンタープライズ市場89(24)、エンターテインメント市場11(22)〈19・8〉

【決算】8月
【設立】2005.9
【上場】2014.11

【大幅増益】ゲーム関連向けの品質保証が順調に積み上がる。柱のソフトウェアテストもIT投資増の金融、流通向けに拡大。保険会社の新規開拓も進む。宣伝費、人件費増を軽くこなし連続営業増益。最高純益。
【資金】50億円規模の新規調達計画。M&Aが主な使途。時期、借入先は未定。人材確保のため、地方拠点での採用や定年の引き上げ策。外国人や主婦層も獲得狙う。

【株主】3,003名〈19.8〉
丹下大 587(37.3)
日本トラスティ信託口 266(16.9)
ステート・ストリート・バンク&トラスト505001 85(5.4)
日本マスター信託口 65(4.1)
日本トラスティ信託口9 45(2.8)
資産管理サービス信託銀行証券投資信託口 38(2.4)
Draperネクサス・テクノロジー・パートナーズ 26(1.6)
BBH三井住友T(UK)ジャパンスモールC 25(1.6)
野村信託銀行投信口 19(1.2)
資産管理サービス信託銀行年金 13(0.8)
〈外国〉19.2% 〈浮動株〉6.7%
〈投信〉21.0% 〈特定株〉75.3%
【役員】(社)丹下大 (副社)松尾茂 (取)小林元也 中垣徹二郎* 松本晃* ⇨巻末
【連結】ALH, SHIFTSECURITY, SHIFTASIA

【株式】15,737千株
単位 100株
時価総額 1,211億円
【財務】〈連19.8〉 百万円
総資産 14,975
自己資本 8,645
自己資本比率 57.7%
資本金 3,268
利益剰余金 2,214
有利子負債 2,772
【指標等】〈連19.8〉
ROE 17.7% 予16.8%
ROA 6.5% 予9.7%
調整1株益 60.1円
最高純益(19.8) 970
設備投資 256 予…
減価償却 199 予…
研究開発 … 予…
【キャッシュフロー】百万円
営業CF 1,133(1,247)
投資CF ▲1,152(▲272)
財務CF 6,247(▲355)
現金同等物 8,691(2,474)

【本社】106-0041東京都港区麻布台2-4-5
☎03-6809-1128

イメージ2

人が買いに来ることで株価が上がる可能性があります。株主優待が魅力的な会社は尚更です。株主優待の回数、内容の詳細については会社四季報の巻末に記載されています。

ただ、先ほど書いた通り、株価が上がるのは配当額ではなく、その株に人気があるかどうかなので、配当が良いからといってそれが必ず株価上昇に繋がるわけではありません。配当を出すということは会社からその分のお金が流出するわけで、投資家によっては会社の資産価値が下がると懸念する方も居ます。特に気になるのは、経営者が100万円分、配当にしようとしても、株主の手に渡るのはそこから税金を引かれた残りとなります。よって株主からすると配当にしなければその100万円を丸ごと使って企業価値を上げる活動に使えたのに勿体ないという意識になるのです。配当を毎年繰り返すと（かつ年に数回とかすると）それだけ多く税金として会社の資産を削られることになります。

昔、ライブドア（２０１９年現在は非上場）は無配当を継続していたのにメディアへの露出は多かったので株自体は人気がありました。

しかし一点集中法としてはやはり配当が良い銘柄を推しておきます。理由はナンピン買いを継続した結果、武運拙く株価が下がり続け、遂に資金が底をついたときに配当金で少なからずとも援軍となるからです。

ではどのくらい配当が出ていれば「良い」と判断出来るのかということですが、時代背景によっても違います。郵便局の定額貯金の利率が５％を超えるような昔の超高金利時代であれば大変な配当比率のものを選ぶ必要がありますが、今のゼロ金利時代であれば配当比率２％もあれば御の字。２％切っていても１％台後半であれば高いといってよいかもしれません。

《3．それなりの株価を維持》

ここでの「それなりの株価の維持」とは二つの維持があります。一つは勿論、株価が一定の値段以上あり、下がらないことです。そしてもう一つはちょっとおかしく感じますが、**あまり上がらないこと**です。

この意味は、一点集中法のコア部分の考え方になるのですが、ある銘柄一点に絞り込み、その株価が一定のゾーン内で下がればナンピン買いし、値が戻れば売り捌くというゾーン内での勝負を好むということです（2章の「一点集中法の戦略」も参照）。つまり株価が上がり、ゾーンの外になるとナンピン買いする予算を超える恐れがあり、株価が下がっても追加購入するお金がなくて動けなくなるのです。

そして実際に売り買いを始める前にその売買ゾーンをある程度イメージしておく必要があります。そのイメージのためにはやはり一定以上の株価が必要です。あまりに株価が低いとナンピン買いするときに更に株価が下がっていることになり、世間的にも下がった株価は人気が落ち、利益確保したくても株価が戻り辛くなります。

また、株価が安いと日々の値動きもこじんまりし、利益が出しにくくなります。一定以上の株価があると万単位の利益を得るのもちょっとの値動きで可能で、売り買いの回転がスピーディになります。

ではどのくらいの株価がそれなりの株価かということですが、私の場合は1取引単位の価格が最低でも40万以上、出来れば70万以上のものを選ぶようにしています。それくらいあれば日々、1取引単位あたり1万円以上の値動きが起きやすく、利益が出しやすくなります。

「1取引単位とは何ぞや?」という方のための少し説明しておくと、現在の株取引は基本的に1株単位での注文ではなく、100株単位で注文します。200株買い注文とか、300株売り注文とかです。150株買い注文とか、5株売りますとかは基本的には出来ません。実は2018年までは1取引の単位は100株だけでなく、1,000株単位や1株単位など、企業によって違いました。しかしそれだと私も間違えたことがありますが、多くの方々が誤注文をしてました。それが今では全銘柄が100株単位で統一されています。

よって自分でその銘柄をリサーチする際、その株の株価に100を掛けて1取引単位あたりの必要額を確認することになります。例えば株価が2,000円だったとすると20万円必要です（実際は手数料や税金も要ります）。

そういった背景があり、狙っている銘柄の単位数はもう調べる必要はないですが、知ろうと思えば会社四季報でもインターネットでも簡単に調べられます。「単元株数」という記載をしているところもあります。

《4．企業の規模が大きい》

企業の規模が大きいことが必要な理由は広義では企業の安定性の確保です。狭義では企業の継続性の確保であったり、株価が急激に下がらないことを含めた安定性です。

何をもって企業の規模が大きいと判断するかは材料がいろいろありますが、私の場合は資本金、社員数、売上高を見て総合的に判断しています。これらについても少し細かく話をしたいので個別に噛み砕いて述べます。

《4―1．資本金》

資本金であれば最低でも1億円以上。出来ればもっともっと多いほうが望ましいです。資本金が少ないからといって必ずしも売上高を上げる能力が低いかというとそんなことはありません。今のインターネット社会ではＹｏｕｔｕｂｅｒなど昔では考えられなかった方法で売上をあげることができます。なので今後はどうなるか判りませんが、今のところはまだ資本金が高いということはイコール投資家からの信用力が高いという意味になりますので、株は人気が一番という考え方からすると資本金はチェックしておく必要があります。

基本的に会社四季報に載っている銘柄であれば１００％ではありませんが、ほぼ資本金は1億円以上です。

《4―2．社員数》

社員数も本当に私独自の偏見ですが、今はとりあえず1，000人以上としています。社員数が少なくても会社の規模は大きいというのはこのＩＴ化社会になった今、十二分にありえるのですが、とりあえず今はこうしています。皆さんはこれに関しては独自に判断をお願い致します。

特に日本は今後人口は減る一方で増えることはないでしょう。そんな中、外国人を入れながらでも社員を増やせる企業というのは私にとっては物凄く魅力的です。社員数が多い会社はその社員が少なくともその会社に居てもいいと感じていることを示しています。つまりその社員や社員の親戚、知人、関係者に伝わるその会社のイメージはマイナス面もあるでしょうが、プラス面の方が多いと思います。やはり株価が上がるかどうかは人気があるかどうかなのです。どんなにＡＩが発展してもやはり人が居ない国や会社は時間と共に衰退していくと思っています。

《4―3．売上高》

売上高は大事です。利益も勿論大事ですが、利益が出るのは売上があってこそ。たまに売上高は前年と比べて下がってますが、株を売った等、本業以外の活動で利益は上がっている会社はあります。しかし会社はやはり本業で売り上げを上げ続けないと先がありません。

売上高は今、多いかどうかというよりも、昨年度、一昨年度と比べて上昇を続けているかが大事だと考えています。つまり成長し続けていけるかどうかということの判断材料として見ています。トヨタ自動車（７２０３）は国内は人口減で売上に関してはお先真っ暗ですが、世界はまだ人口が増えるため、外を見ているかぎりは先があると思います。

《5．過去3年以上、経営状態良し》

売上が一番ですが、欲を言えばやはり利益を出していること。利益がないと配当は出せません。アマゾンのように配当に出せるお金をあえて設備投資や研究開発費に計上し、企業の成長と株価の成長の結果を残すことで株主に報いることを考える企業もあります。実際、配当金を出すことは会社の資産を減らすことにもなるため嫌う株主も居ます。しかし一点集中法はそういった考えではなく、株価が上がり続けるのもナンピン買いの回数が減って困るため、かつ配当も貰えるものは貰う。

とりあえず利益に関しては多くの投資家に逃げられない程度、そこそこであれば適度に株価も上げ下げし、一点集中法に向いた銘柄となります。

◆リサーチのポイント

日々、万単位で利益、損益が出そうかどうか。損が出るとダメな気がしますがそんなことはありません。何かトラブルが起きて下がるのはダメですが、アメリカの経済状況による下げ等で下がるのであれば、上がるときも万単位で上がる可能性があり、それが正しい想定かどうかをリサーチするのです。

《決算前後》

決算は年1回だけの会社もあれば、中間決算を入れて計、年2回以上の会社もあります。また、複数決算のうち、株主優待を行う会社でも毎回の中間決算で優待をするとは限りません。

決算のタイミングを何故注視しないといけないかというと、決算前は投資家だけではなく、配当金狙い、株主優待狙いの一般人も権利欲しさにドッと買いに出てきます。そして決算後にドッと売って下がります。ＪＲみたいな人気優待もあるので、配当と優待による見込み利益を天秤にして考えましょう。

あと注意点として、権利を得るための株を持っていなければならない日は完全な月末ではないことを意識する必要があります。

特に最近、権利付き最終日が二日前に変わったので（つい最近までは三日前でした）、今後も変わる可能性があります。ターゲットに選んだ株の決算月は権利付き最終日についてのカレンダーをチェックしておきましょう（**イメージ3**）。

それと大事なことなのでしつこく言いますが、3月末の決算、そして9月末の中間決算は他の月の決算、中間決算と違い、予想以上に上げ下げすると考えておきましょう。

中間決算は中間配当金だけで株主優待が無い企業もありますが、それでも9月末は中間

2020年3月の例

日	月	火	水	木	金	土
1	2	3	4	5	6	7
8	9	10	11	12	13	14
15	16	17	18	19	20	21
22	23	24	25	26	27 権利付き最終日	28
29	30 権利落ち日	31 権利確定日				

この日が終わった時点で株を持っていれば配当や優待を受け取る権利がある

この日は朝からその株を売っても配当や優待は受け取れる

イメージ3

決算ですらミスすると荒波に飲み込まれる可能性はあります。

毎回気になるのですが、権利落ち日にドッと株価が下がるのは分かりますが、その後、末日や翌1日も更に下がったりします。もしかすると権利落ち日の仕組みを知らず、月末まで持っておいてから売り払おうと考えている人が意外と多いのかも。なんて考えてしまいます。

どちらにせよ、決算後、中間決算後は予想を超えるくらい何段階か下がると考えておいて損はありません。私の場合も今まで決算、中間決算月の中盤からは大火傷をしたことが何回かあるため、余程のことがない限りはナンピン買いをしません。

一点集中法でターゲットとなる株は配当が高いため、配当金狙いをしたくなることは分かりますが、一点集中法ではあまり配当を意識しません。配当が高い銘柄をターゲットにしている理由は自分が配当を貰うためではなく、投資家をおびき寄せて株価を上げるためなのです。勿論、それに加えて配当も出たら更にラッキーといった程度で。一番怖いのは高値を掴んだところで予算を使い切り、株価がそれ以降に値下がりしても身動き出来なくなることなのです。それが回避できるのであれば配当無しなんて特に大勢に影響はありません。

《年末年始》

年末は大納会、年始は大発会というイベントがあります。大納会は基本的に１２月３０日でその日が土日であればそれより前の一番近い平日、大発会は基本的に１月４日で、その日が土日であればそれより後の一番近い平日となります。

大納会、大発会共にテレビや新聞で取り上げられているのでその様子を見たことある方はいるかと思いますが、晴れ着姿の女性達が並び、万歳三唱する光景は日本独特の儀式です。これらの儀式とは関係無いかもしれませんが、大納会、大発会では株価に動きが出る傾向があります。

以前から言われている傾向としては、大納会の日は株価が下がり、大発会の日は株価が上がるというものです。その理由として考えられるのは、年末はその年の利益を確定させるため、若しくは節税対策のために手持ちの株の中から調整売りを行う投資家が出てくるというもの。ちなみにこれらの傾向は大納会の日だけでなく、年末が近づくと発生します。また、年末年始の間は株取引が出来ないため、その間に何か事件、事故が発生しても被害を減らせられるように株を現金化して手元に置いておくという心理もあるようです。大発会はその逆で、年末に売り捌いた株を買いなおす傾向があったり、あと単に新たな年の始まりというご祝儀相場という雰囲気で買われたりという心理もあるようです。

ただ、先程触れましたが大納会、大発会は日本独特のイベントで、海外ではあまり行われていないようですので海外投資家の割合が増えてきた最近の東証では必ずしも当てはまらない傾向が出てきています。そして更に一点集中法はその銘柄一点に絞っての対策のため、東証全体的な傾向としてはそうなっていてもその銘柄一点は独自の値動きをする可能性もあるため、参考程度と考えておきましょう。しかしそれでも年末年始は他の平日と比べると値動きが激しいのは確かです。初心者の間はリサーチだけにしておいて、会社や学校が休みで時間があるからといって頻繁に取引をすると火傷する可能性はあります。
あと、補足ですが、以前は大納会、大発会共に日本ではお祭りイベント的な位置づけだったから株取引は午前中だけの賄いでしたが、今は終日行っているようです。

◆選択に迷ったとき

ターゲットの選択時、二択にまで絞ったけどそれ以上どうしても1つに決めきれないことが出てくるかもしれません。そんなときのために優先度は低い他の条件も示しておきましょう。

《発行株式数》

前述したように株価は人気が出てくると上がります。人気が出てくると株価が上がる理由は、会社が発行している株数は無限ではないからです。会社は新製品を開発するため研究費とか、増産するための工場を新設したいとき、自身で預金があればそこから賄えますが、手元の資金は置いておいて別途、資金を用意したい場合が多々あります。そういった場合は自ら株を発行し、それを買ってもらうことで現金を手に入れます。

しかし会社は無限に株を発行し続けるとその分、株主への配当金もその分、払わないといけなくなったり、株をその後、いっぱい購入した株主に強い権限を与えてしまったりとか、経営者にとって不利になるリスクが高まります。よって経営者は工場を作るならその工場建設の見積もり分のみを手にいれられる程度の株数を発行します。そうするとその企業の人気が出たとき、その決まった発行株数を投資家同士で奪い合いになります。それで株価が上がるのです。

これを逆に考えると発行株式数が多い場合、投資家に少々購入されてもまだまだ余裕があれば株価は奪い合いにならず、そんなに上がりません。これはターゲットの条件の章で書いた「浮動株比率」の考え方と同じベクトルです。よって株価の上げ下げを激しくしたいという意味では二択で迷った場合、発行株式数が少ない方を選ぶことも考えましょう。

但し、後述しますが発行株式数は少なければ少ないほど良いというものでもないのが難しいところです。ある程度の発行数のある企業同士であれば少ない方を選んでもよいというレベルです。

《ＰＥＲ》

Ｐｒｉｃｅ Ｅａｒｎｉｎｇｓ Ｒａｔｉｏの略で、株価収益率の意味ですが、この値は四季報でもインターネットでも簡単に調べられます。この値は低いほど株価が上がりやすいと言われており、１４以下とか１３以下とかが望ましいという意見もあります。しかし事はそんなに単純でもなく、この値は業界によっても平均値が違います。よって１３以下でも業界内では高い部類に入るところもありますし、２０以上でも低いと扱われる業界もあります。なので二択で迷ったとき、その二社が同じ業界だと比較しやすいですが、違う業界の場合は参考程度に確認ください。１００を超えている企業とかは業界関係なく明らかに高めですので。

◆資金を用意する

ターゲットを調査している間に平行して資金を準備します。どんなターゲットであろうと資金が既に潤沢にあるのであればその章は読まなくても結構です。

一点集中法はある意味、王道と言いますか、資金が大事です。昔から言うように何事も資金力のあるものが勝つ。一点集中法も資金が潤沢にあれば負け知らず。資金が尽きたらただひたすら待つか援軍が届くのを待つしかできません。すごく判りやすい原理です。なので資金があればすぐにでも一点集中法で稼ぎ始めることができますが、資金が無い方は一点集中法とは関係のないところで何とか資金を集める必要があります。

ではどれだけ資金を用意すればよいかですが、それはターゲットを何にするかに寄ります。前述しましたが、資金は最低でもターゲット銘柄を最低でも4回、出来れば5回以上ナンピン買いできるくらいの金額が欲しいところです。初回購入額はナンピン買いとは言わないため、ナンピン買い回数＋1回分の資金は必要です（しかも初回はナンピン買いの金額より高い金額で買っているはずなので計算時はご注意を）。

資金を用意するのにある程度目途が立っている場合は問題ありませんが、全くアテが無い場合は後述するインデックスファンドの援軍に頼るのが最も近道と考えます。

コラム5　「オリンピック後の景気」

東京オリンピックが２０２１年に延期されましたが（もしかすると中止かもしれませんが）、その後の日本の景気は冷え込むのでは？と言われています。私もそう思っていたのですが、まさかのその前にコロナウイルスの影響で世界経済にダメージを与えるとは思いもしませんでした。オリンピック前に資産を整理しておこうと考えていた方々にはお悔やみ申し上げます。

さて、オリンピックが無事開催されたとして、その後の日本経済はどうなるのでしょうか？とりあえず私が住んでいる大阪はその後も大阪万博が予定されており、かつカジノも出来るかもしれません。そこらへんくらいまでは何とか経済も持ちこたえるのではないかと考えています。それ以降は東京一極集中経済が１０年くらい続き、日本全体としては終了に向けて下っていくと考えています。

6．株を買った後

株を買った後の戦略。その名も必殺サンドイッチ戦略を説明します。

買った後どうするか

今まで検討して狙いを定めた株を何とか購入できました。そのあと、どうすればよいでしょうか。普通に考えると値上がりするのを待ち、値上がりしたら売ると考えると思います。それも正しい行動ですが、一点集中法ではそれにプラスした対策を実施します。

◆サンドイッチ戦略

一点集中法では株を買った後、その株が値上がりしたときに自動的に利益が確定するように、買えたことに気づいたら一定の株価で「**売り**」を出しておきます。そしてそれと並行して一定の株価に狙いを定め、株価が下がったら先ほどと同じ株数だけ「**買い**」を出しておきます。これが一点集中法でいう、**サンドイッチ戦略**です。

こうすることで、株価が値上がりすると利益が出て、値下がりしてもナンピン買いをすることで持ち株の平均株価を下げ、次に株価が上がったときに利益を出しやすくします。つまり株価が上がっても下がっても良しとなるのがサンドイッチ戦略です。

ただ、ここで一つ注意点を挙げておきます。同じ銘柄の株の売りと買いを同時に出すと、証券会社のシステムによっては株式相場を操縦しようとしている投資家かもしれないと考え、注文時に警告が出るかもしれません。しかしそういったことをする大物投資家は大抵、何十万株といった単位で取引を行うため、本書を読んでいる皆さまとは関係なく、注文画面で警告が出たとしても無視しておいていいでしょう。

◆株価が下がると嬉しくなる？

持っている株の価格が上がると勿論嬉しいのですが、実は一点集中法では始めは価格が下がる方が嬉しいのです。その理由は、株価が上がりすぎるとナンピン買い可能回数が減るためです。

予算が無尽蔵にあれば別ですが（無尽蔵にある人は株で儲けようとは考えないでしょう）、私たちのお財布には限度があります。なので一点集中すると銘柄を決める際は、その銘柄を今の株価で5回以上は買えるくらいの予算を用意しておき、買う前に株価が下がると「よしよしこれで6回買えるかも」くらいの気持ちがベストです。

◆売ると差し引かれる金額も考慮しておく

株を売る前に考慮しておかなければならないこととして、売ったときに差し引かれる金額もある程度知っておく必要があります。主なものとしては次のとおり。

（1）手数料
（2）所得税
（3）消費税

これらに関しては、株の取引きをする都度、発生します。なので一点集中法のように取引を頻繁に行う場合は頻繁にこれだけのお金が出ていくことになります。よってここで考慮しておくことは、これらを踏まえた株価で売り買いを行うことです。幸い一点集中法は同じ銘柄に対して攻め続けるので、その株を取引きしたときの手数料や税金は一度調べておくと毎回大体その額となります。なのでその額をカバーできるくらいの買値、又は売値で売り買いすれば消費増税したからといってもそこまで負担は感じずに済みます。

では一つずつ見ていきましょう。

《1．手数料》

これは証券会社に払う手数料で、証券会社の株取り扱い事業のメインとなる収益源です。これは証券会社毎に規定が違うのでどの証券会社を選ぶかで引かれる手数料はまちまちです。安い売値であれば無料というところもあります。しかしあくまでもこの手数料収入が証券会社の生命線なので、安い証券会社を探すことは出来ても何でもかんでも無料っていうのは無いでしょう。但し、今流行りのサブスク方式（定額制）は出てきています。定額制はデイトレをする方々は検討してみてもよいかもしれませんが、一点集中法はデイトレとは少し違うため、定額料金と月単位の見込み利益を天秤にかけて慎重に検討すべきでしょう。

《2．所得税》

株を売って所得を得ると掛かる税金です。会社やアルバイトで給与を貰っている方々はお馴染みの税金ですね。ひとつ言っておくと、これは売って利益を出したときに発生する税金です。なので持ち株が値上がりしていても売らなければ含み益が単にあるというだけで何年保持していても所得税は掛かりません。但し、その株を保持している間に分配される配当金に関しては所得税が掛かります。税率はその人の年収によって変わり、というか所得税法自体がよく変わり、２０２０年からもまた大きな改正（改悪？）があります。意識しすぎるのも負担になりますが、ただ一番大きな（無視できない）額でもあるので株を売るときはある程度所得税を意識して手取りを計算したほうがよいです。

《３．消費税》

消費税も１０％に値上がりしました。しかし８％の負担に慣れてしまった方々からするとそんなにキツく感じないかもしれません（それこそ政府の思惑でしょうけど）。その理由のひとつとして、株の取引き自体は消費するものではないので消費税は掛かりません。なので１００万円の株を買うのに１１０万要るわけではありません。消費税が掛かるのは証券会社に払う取引手数料に関してです。手数料は証券会社によって額が異なるため、手数料の安さがウリの会社であればこちらが支払う消費税額も減ります。

◆タイミングを図る（決算タイミング）

買った株に対してナンピン買いするにも売るにしてもまずはタイミングを確認しましょ

う。勿論、買う前にもタイミングは見ているはずですが、今がその銘柄の決算月からどれくらい離れているかが重要です。大体、全体の傾向からして、株主優待が優れている株、若しくは配当利回りが４％を超えるような株は決算の３か月前くらいから徐々に株価が右肩上がりに推移すると言われています。

それに当てはまらない株でも決算の２か月くらい前からは徐々に上がってきます。なのでそのタイミングで売るのも買うのも余程値上がり、値下がりしてない限りは得策ではありません。

また、タイミングを見るとき、銘柄によっては年一回でなく、中間配当、中間優待があるかないかも気にしておく必要があります。

◆タイミングを図る（値幅制限タイミング）

株を買った後、何らかの出来事で値幅制限（ストップ高、若しくはストップ安）が発生することがあります。ストップ高になるともう有頂天になるほど嬉しいですが、ストップ安になると**少し**焦ります。「**少し**」と言うのは必ずしもこれが１００％損に結びつくかどうかは判らないからです。もしかしてすぐ元の株価に戻るのであればナンピン買いのビッグチャンスのため、インターネットの株価掲示板等で値下がりした理由を調べてみましょう。必ず情報は落ちています。超有名な企業であればこちらから調べなくてもＹａｈｏｏ！のトピックスに載っているかもしれません。

ストップ高の場合はいつ売るかですが、これは物凄く難しく、正解はありません。二日目もストップ高が続くかもしれませんし、欲の皮を突っ張って次の日も待ちに徹していると朝一にいきなり皆、ここぞとばかりに売りに出して一気に元の価格に戻ることもありえます。なので参考として私がよくやる方法を紹介しておくと、ストップ高の次の日には今の価格よりもう少し高めの指値で売りに出し、その価格、若しくはその価格以上で売れたらラッキー、値下がりしてほぼ元の価格になったら昨日は何も起きなかったと考えようというものです。指値以上でまたストップ高になったとしても勿体ないとは考えず、ある程度は儲かったので良しとする。という悟りの境地?を目指します。

ストップ安になった場合、いつ買うかですが、これはその下落理由とナンピン買いの体力がどれだけ残っているかに係ってきます。結構、財力が残っていてかつ株価が戻りそうであれば今の価格で買いに出ても良いかと思います。すぐに戻りそうになければ財力があろうと待ちが良いでしょう。後1回しかナンピン買い出来ないくらいの財力であれば、私の今までの経験上、落ちるところまで落ちてから拾った方が良いと思います。これを待つのは凄く我慢が要りますが、どれだけ我慢出来るかで成功するかどうかが決まります。こういうときは本業に力を入れ、株のことは少し忘れるくらいの悟りの境地になりましょう。忘れすぎて底値になった後、値上がりしてから気付くこともありますが、それでも最悪の事態よりは遥かにマシです。

◆サーキットブレーカー制度とは

株を勉強していると「サーキットブレーカー」という言葉を聞いたことがあるかもしれませんので、今話していた値幅制限との違いについて少し触れておきます。

サーキットブレーカー制度とはその名の通り、大幅な株価上昇、若しくは下落になったとき、投資家に一度冷静になってもらうために売買を一定時間停止する制度です。これは取引所の制度であり、ニューヨークダウであればダウ平均価格の増減で発動します。

先ほど触れたストップ高、ストップ安の値幅制限は取引所毎ではなく銘柄毎に設定され、銘柄の前日終値と比べて上がりすぎ、下がりすぎで発動します。

そして実はサーキットブレーカーは日本では先物取引等でのみ制度化されており、株取引では発動されません。株のサーキットブレーカーは欧米で始まった制度ですが、日本の株取引には今のところ導入する予定は無さそうです。ただ、この制度、本来の意味は30分とか1時間とか取引出来ない時間帯を作り、その間に投資家に頭を冷やしてもらおうという趣旨だったのですが、今はシステムにより取引が自動化され、投資家はシステムにお任せってことも多く、そうなるとせっかくブレーカーが発動しても投資家には全く気付かれないという効果が薄らいだ感がある制度です。

コラム6　「狙いたくない業界2」

前述のコラムで不動産業界の銘柄を買うのは危険だということを書きましたが、東京の不動産取引を専門にしている会社であれば暫くの間は買ってよいかもしれません。東京の人口はあと10年くらいは増え続けるため、不動産経営に乗り出すのは危険ですが、株を購入するだけであればまだ売りやすいので大丈夫かと思います。

東京以外の不動産を扱う会社はリスクが高いです。不動産業界の株は配当利回りが高い傾向にありますが、それだけで購入を判断してはいけません。

投資に関する書籍でマンション経営をお勧めするものが結構ありますが、どうしてもそっち方面をやってみたい場合は東京都心でかつ中古の小さめの物件（ワンルームマンション等）にすべきと考えます。まだそれであれば大型マンションよりはいざとなったら流動性がありますし、外国や地方からの出稼ぎ労働者のニーズをある程度キャッチ出来るかと思われます。

7. 株を売った後

株を売った後が大事。

売った後が大事

株を売って利益を出すと嬉しいですよね。しかし一点集中法ではこの後が大事なのです。初心者は利益を出して売ったとき、嬉しいものの、その後どうするのかが迷うと思います。何故なら高値で売ったため、その株については同じ値段でまた買うと同額のお金が手元から無くなり、一体何のために売ったのか?ということになります。しかし他にいい株がないかと探すのも一苦労。しかし一点集中法ではここでまた同じ株をすぐに買うのです。しかしすぐとはいえ、出来れば少しでも安く買いたい。そこが難しいところ。

株を売った後、普通は値上がりするのを待つ、又は長期保有で配当を狙う方が多いと思います。又はデイトレーダーの方なら株価が数円値上がりするのを血走った目で監視し、売れるタイミングを見計らっているのではないかと思います。

◆楔を打つ

株を売ったときというのは、普通はその株価が通常に比べて上がっているときです。通常より安いときに売るのは余程お金が無いとき、又は損切りするときくらいです。なので大抵はその株価は高いのですが、その後、その株価はどうなるのでしょうか?もっと上がり続ける?それとも下がることはあるのでしょうか?

実はどちらの可能性も同じくらいの割合であります。よってどう転ぶかは判りませんが、高値に転んだときの保険を兼ねて今の株価で買っておくことを一点集中法では「楔を売っておく」と言います。

◆楔を打つ重要性

本当は安いときに買って高くなるまで待つのが本来の株の運用方法なのでしょうが、どうしても売った後に株価が下がってくれないことが多々あります。それどころか売った後もどんどん値上がりを続け、当初は自分でも高く売れたと思ってましたが今の値を見ると「もう暫く持っておけばよかった」ということが往々にしてあります。そういった保険を兼ねて楔を売っておくと、株価が上がったときに引き離されずに済みます。

◆でもやっぱり楔は低い値段で打っておきたい

株価が引き離されないようにするという観点だけであれば売った直後にそのままの値段でまた買っておけばよいのですが、利益を少しでも多くすることを考えるとやはり売ったときの値段とは少しでも安く買い戻しておきたいところ。決算前等、特殊な状況であればともかく、そうでないときは一日様子を見てから買い戻すとか、翌朝のダウ平均の上げ下げを見てから買うのが良いと思います。

◆焦ると大抵損をする

日中は仕事に集中しましょう。今までの私の経験からすると、焦って売買しても後で後悔することの方が多いです。一点集中を始めてからは、朝と夜に少し検討するだけで十分です。

今まで経験した事例で言うと、株が売れた後、大抵焦ってすぐに楔を打つと、その後、更に値下がりし、だいぶ高い位置に楔を打つことになったことがよくありました。逆にちょっと値上がりしたから売りに出していた値段を今の値段にまで下げ、売り切った後に更に値上がりしたりもよくあります。

我々はデイトレーダーを目指すわけではないため、一日で買い～売りを完結するのではなく、どっしり構えましょう。それが本業と株の共倒れにならない唯一の法則です。

◆一定の財力は必要

前述したようにターゲット株を5回、出来れば6回はナンピン買いできる財力は確保しておきたいところです。特に売ったときは大体株価が高いはずなので、高い価格の株をナンピン買いしようとしたら値上がり前なら5回買えたのに今の株価だと4回しか買えないとか十分にありえます。

◆スケールを大きくしたいなら

ここまで書いた方法を読んで数万円のチミチミした儲けでは意味がない、我慢出来ない方も居るかと思います。もっとスケールの大きい取引をしたい場合は今まで説明してきた売り買いの単位を何倍かにして実行してください。

今までは一回転で1、2万円の儲けだったのが倍で2、4万円、10倍単位であれば10万、20万の利益を一回転で実現できます。ただ、その場合はWebで普段の取引高を見て自身の売り買いの単位がそんなに目立つ量でないことを確認しておいてください。でないと、あまりに大量に売り出してもそんなに買ってくれる人が居なければ一括で売れず、結局スケールを元に戻すことになります。その関係もあるのでお勧め銘柄自体も自然と大企業になっていくのです。

◆スケール拡大時の注意点

スケール拡大時に注意しておくことが一点あります。株の取引きには「内出来」、「不出来」というものがあります。

内出来とは、複数単位（100株ではなく、200株以上）の株の売買注文を出した後、その株数だけ相手が見つからなかった場合、見つかった株数だけで取引されてしまうことです。

前述しましたが、ある銘柄の株を買うときはその銘柄の株を売りたい人がそのタイミングで売りに出してくれたときに買えます。逆もしかりで、自身の株を売りに出してもその株をこちらが指定した値段で買いたいという人が見つからなければ一向に売れません。

よって一点集中法で気にしなければいけないところは買いに関しては特にありません。

必ず100株づつ買うことになるので。気にするのは売りのときです。500株を売りに出したあと、そのタイミングでこちらが指定した株価で買いたいという人が300株分しか居なかった場合（買いたいという人は一人である必要はありません。複数人合わせての合算となります）、300株だけ内出来となり、残りの200株は不出来となります。

つまり300株だけ売れたことになり、200株だけ手元に残ります。この残った株がどう扱われるかは証券会社毎のルールによって違います。例えば今週一杯同じ値段で注文を出し続けるように設定していたとしても、内出来となった場合は引き続き次の日に同じ価格で売りに出されず、一旦その当日だけに区切って次の日の残りの200株売り注文はキャンセルとなるルールのところもあります。

これが何に影響するかというと、一点集中法はナンピン買いで利益を確保することが核といってもよい戦略なのですが、それが内出来によって失敗する可能性が出てくるということです。例えば、ある株を100株買った後、その株価が値下がりを続けたため、4回ナンピン買いを続け、500株になったとします。その後、その株価が少し値上がりし、トントン若しくは利益を若干確保できる状態になりました。そこで500株を売りに出したとき、まさかの300株だけ売れて200株が売れなかった場合、利益は確保できません。こちらとしては500株全部売れたときにやっと利益がトントンか微量の計算なのに300株だけしか売れなければ早急に残りの200株も追加で売りに出さなければなりません。そのときに同じ値段で売れればよいですが、もし売れなかった場合は損失として扱う必要があります。

内出来、不出来を防ぐことは設定できないため、大量に株を確保した状態になったときは気にする必要があります。一点集中法ではこの現象もなるべく避けるべく方法として、なるべく発行株式数の多い大企業を選ぶことを推奨しています。

◆引き離されたら無理に追わない

特に決算前に多い現象ですが、売った後に楔を打とうとしたらそれ以上のスピードで株価が上がり、分相応の予算を超える危険が出てきます。単発では楔を打つことは可能ですが、もしその後、決算日を過ぎて値下がりを始めても高値すぎていつもの回数だけナンピン買いする余裕がないときもあります。

そういう恐れが出てきたら自身の見積もりが誤ったと考え、別の銘柄に集中先を変更することも考える必要があるでしょう。

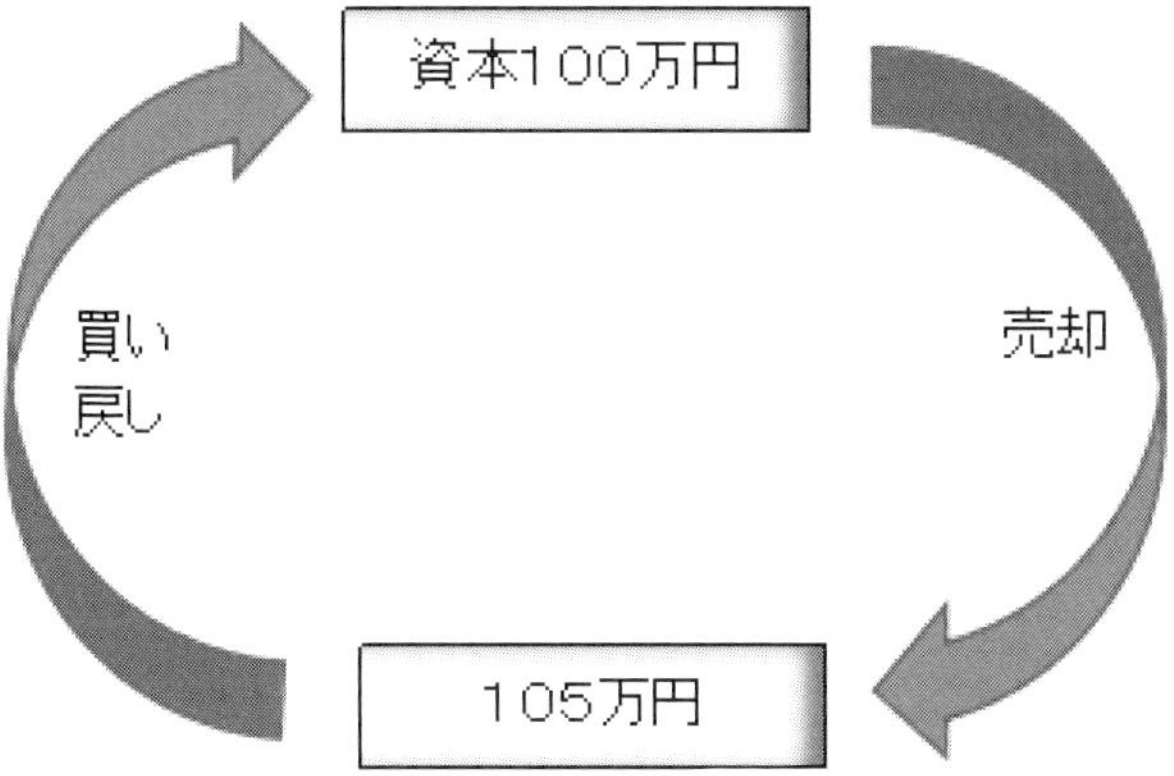

イメージ4

決算前は配当や優待を期待して高値でも背伸びして株を買いたくなるのは判ります。しかし前述しましたが、一点集中法では一時的な配当や優待よりも資本回転率を重視します。決算前に高値で複数株掴んでしまうと、権利落ち日に株価が一気に落ち、売るに売れない状況となる可能性が膨らみます（イメージ４）。

◆損した気分は引きずらない

あともう一つ、別の観点でコメントしておきます。これは株取引をある程度経験された方は大体の方が感じたことがあると思いますが、かなり平均株価が下がっていた状態からちょっと損するくらいまで値を戻したときに売り捌き、若干損を確定した後、値上がりすると結構ショックです。

人間、得したことは結構忘れますが（私だけ？）、損したことはなかなか忘れられません。私もよく経験するのですが、結構、引きずります。

この症状は実は得しているときも起こります。平均株価が下がっていたときに一時の現象で株価が上がり、何とかギリギリ利益を確保して全部売り捌いた後、一時の現象だと思っていたのにもう一段階株価が上がると実際は利益を確保していたのに「もっと我慢すればもっと利益が出ていた」という何故か損した気分になります。こればかりは人間である限りどうしようもありません。どこかで線を引かないと、株価に天井は無く、ＩＴバブルの頃は４６８９ヤフー（今は社名変更）なんて１株１億円を超えたことがあり、いつまで待てばどうなるかなんて誰も読めません。

一点集中法を続けることは株の売り買いを続けるということであり、今後も何度もそういったシーンに遭遇します。しかし幸か不幸か本書を手に取った我々は日常の本業に忙しいのです。そんなちょっとした副業のことでクヨクヨしている暇はありません。目先の出来事はサッと忘れ、先を見据えて動き出しましょう。

コラム7「消費税10％は失敗？」

消費税が10％になるとき、今はタイミングが悪いと与党はあちこちで叩かれてましたが、元々10％でも足りないと言われていたので私は少しでも早いほうが良いのでは？とも思っていました。しかし昨今、アメリカの新聞紙の評価で日本の消費増税は明かな失敗だったとの記事がありました。確かに私も買い物をしていてそこまでの値段にはならないかなと思っていたら税込みで予想以上に支払っていることに驚いたり、妻も買い物の選択をいろいろ変更しているようです。

しかし一番の想定外は増税による経済の冷え込み中のコロナショックだと思います。外食頼みの税率10％がまさかのコロナショックでテイクアウト主流になるという不運さは政権与党の力の陰りが見えている気がしてなりません（他にも定年延長問題でも何か土壇場で政権にとって不運な事故が起きてましたね）。

8．一連の流れを紹介

ここまで説明してきた一点集中法について、今私が実際に日々行っている一連の流れをご紹介します。

一点集中法の一連の流れの例

一点集中法の一連の流れの中で、特に集中銘柄選定後に私が普段行っている株取引の流れを具体的に紹介し、皆さんにイメージを持って頂きます。

◆朝起きたら

会社員も学生も朝は早いです。大抵は。主夫／主婦だって家族の朝食や弁当を作ったりと朝は戦場です。

私の場合、平日の朝であれば、まず見るのは朝の軽食を食べながら、若しくは出社途中に電車の中でスマホ片手に昨晩から今朝までのニューヨークダウ平均株価をチェックします（車通勤の方は出来ませんね）。その理由は前述しましたが平日の朝であればその日の株価に影響が出る可能性が高いからです。ダウ平均が大幅に下がっていると日本株も下がる可能性が高く、逆だと上がる可能性が高くなります。これが土曜の朝だとまた勝手が違います。土日は日本株の取引が無いため、土曜の朝のダウ平均の上げ下げ具合が月曜の朝の取引に影響が出るのかと思いきや、どうも世界の投資家はそこまで気が長くなく、そんな前のことなど忘れてしまうようです。土曜の朝のダウ平均はあまり日本株に影響がありません。なのでとりあえず平日の朝はダウ平均の上げ下げ具合を見て、１００ドル以上、上がったり下がったりしていれば日本のお目当ての株ももっと上がりそうだとか下がりそうだという判断をし、昨日から注文済みの取引の注文価格を欲の皮が突っ張る方向に変更します。

ただ、これは一点集中している銘柄によって感度は違います。一点集中をする前にリサーチをしてある程度株価の動きを予想出来ていれば良いですが、出来ていないのであれば実践の中で感度を養っていきます。この銘柄だと１５０ドル以上上げ下げしないと影響を受けないとか、５０ドル前後の動きでも影響があるとかは銘柄によって違います。ダウ平均の影響を全く受けない銘柄もあります。

また、ダウ平均が上がっていた場合、若しくはほぼ横ばいだったときはここまでですが、大きく下がっていた場合はもう一つすることがあります。それは予算があるときだけですが、インデックスファンドを追加購入します。これは前日までに一点集中法で株を売り、いくらか儲けがあった場合に行います。ただシステム上、ここでは追加購入の注文を出すだけで、実際に購入されるのは翌日以降になるので今朝ダウ平均が大きく下がっていたとしても翌日の朝また大きく上がっていればそこまで得にならない可能性もあります。そういう意味でいうと、インデックスファンドは注文を出すだけではなく、今朝の時点で前日までのインデックスファンドの運用実績も確認します。詳細には私の場合は先日注文していたのが買えたかどうかや前日よりファンドの価格が上がっているのか下がっているのか等を見るのですが、実際のところインデックスファンドはここまで細かく見る必要はありません。巷で言う「ほったらかし投資」の方針で構いません。

◆昼休み

これも平日だけですが、会社の昼休みに今朝調整した注文価格で取引が完了しているか確認します。取引が自分の要望通り完了していれば良いですが、完了してなければ微調整するかどうかを判断します。微調整と書きましたが、この昼休みではあまり大きな調整はしません。その理由はあまり勤務時間中に株取引へ思考を移したくないためと、移しても意味がないことが多いためです。昔はよく今朝出した注文が出来てなければ注文単価を今の単価に近づけるように昼休みに修正し、それで売買が成立したりしてましたが、後で確認すると15時前までには朝出した注文単価そのものでも成立していたということが多々あります。つまり午後に株取引に時間を割いた割には逆に損をしたわけです。なので昼休みはなるべく自分の午後の仕事への活力のためにコンディションを整えましょう。

◆退勤後

自宅へ帰る途中の電車の中で本日の取引結果を確認し、自分の当初の見込みと比較し、一人反省会を行います。といってもそんなに反省はしませんが。株取引が例え成立してなくても所詮、自分の力だけでは市場を動かすことは出来ないため、「ああ、やっぱりこうなったか」程度で「では明日はこうしよう」という注文単価を修正するか、そのままでいくかを決めるだけです。これはこれから毎日続けるルーティンワークなのでいちいち落ち込むわけにはいきません。

もし思惑通り成立出来ていれば、明日の注文を考えます。買いが成立していれば、まだ予算があれば追加でナンピン買いの注文を100株分、出します。勿論、本日成立した価格よりも低い株価でです。いくらで出すかはリサーチしたときに検討した結果や日々のその株の上げ下げを見てきた経験則から自然と導きますが、私の場合は大体100株単位で取引したときの1万円マイナスくらいの価格とすることが多いです。勿論、その注文がそのまま明日出されるかは判りません。また翌朝のダウの終値を見てもっと下げてよさそうであれば下げますし、近々決算で確実に上がり相場と分かっていれば価格を上げてナンピン買いすることもあります。

そして買いが成立していた場合、サンドイッチ戦略で同時に売り注文も出します。そのとき、まず前日の晩や今朝にその株の売り注文を既に出していてそれが成立してない場合はその注文をキャンセルします。その理由は本日買った株と合算した売り注文に変更するためです。本日買った株は昨日か今朝売りに出していた株を買ったときの株価より低いはずです。なのでそれと合わせて合計株式数で売りに出すことで平均原価を抑えることになります。

よって前日や今朝の売り注文が無い場合は本日買った株に利益を積んだ価格で売りを出します。私の場合はこれも100株単位で1万円くらいプラスになる程度で出すことが多いです（税金や手数料を引かれた分も考慮後に1万円プラスです）。そして前日や今朝に売り注文があった場合はキャンセル後に本日分と合算した原価にいくらプラスするかを決め、複数単位の株数で売り注文を出します。いくらプラスにするかは経験則となりますが、明日以降もナンピン買いを続けれる予算がある場合は強気で株価を設定します。もうナンピン買いの予算が無い場合は早めの回収が必要ですので弱気の株価となります。かなりの期間、塩漬け状態だった場合は税金や手数料を引かれてトントンくらいでも構わない場合もあります（勿論、トントンでいいやと思っても翌朝のダウを見て上がり相場と見たらまた欲の皮突っ張って少し強気に変えることは多々あります）。

売りが成立していた場合は同じ株を明日また買い注文で出します。そのときの単価は基本的に本日成立した株価より下で出します。「基本的に」と記載したのはその時々で買い価格を決めるのは結構難しいのですが、これに関しては銘柄によって違うので日々培った経験則となります。

近々決算で今が上がり相場と考えると引き離されないようにちょっと高めでも買わざるを得ないことがありますし、実は売った後に更に株価が上がっていて本日売った値段より高い価格で買い注文を出すこともありえます。上がり相場か下がり相場かを見極めて注文を出しますが、翌朝のダウも見て価格修正も行います。

基本的には日々、これの繰り返しで、これを続けることで自然と資産が形成されていくはずです。

コラム8 「関西のＩＴ事業」

私は社会人になってからずっと関西でＩＴ系の仕事に携わってきていますが、関西で見ていると昔と比べてやはり最近は若者の労働者が年々減っていることを痛感します。

システム開発側で年配者が多いとシステム自体も高額になりがちですが、幸いお客様がＩＴに関して出してくれる費用は一応、昔に比べるとＤＸ（デジタルトランスフォーメーション）が進んでいる影響か、年々増えてはいるようです。

ただ、そのシステム価格の内訳は、年々ＰＣは安くなり、開発ソフトもフリーのものが増え、高くなっているのは人件費がメインです。つまり今のところは何とか関西のＩＴ企業も成長できているように思えます。

しかし人件費が上がっているのはシステム開発でいえば上流工程に関わる会社で、下流工程の会社はあまり昔から上がってないように感じます。これはＩＴ業界に限ったことではありませんけど。。

9．確実にするために援軍も準備

大抵の方は必ず困る、又は悩むときが出てきます。そのときのための援軍をご紹介しておきます。

一点集中法の援軍とは

集中銘柄選定後、株取引を始めますがその間、ずっとスムーズに利益を生み続ける日々だけで進むとは限りません。また、その前に一点集中法を始めるための資金が無いことで悩む方も多いかと思います。その際の援軍となる仲間たちをご紹介しておきたいと思います。

◆困ったときの拠り所

一点集中法だけでもほぼ大丈夫なのですが、ここで心強い援軍、若しくはパートナーを紹介しておきます。

この援軍は一点集中法で儲かった利益を貯蓄しておく保管庫の役割を担い、かつ保管するだけではなく、自ら利益を生んでくれる強い味方です。そしてこちらがナンピン買いしたあげくに資金が尽きた場合、追加でナンピン買いの資金を捻出することもできます。また、一点集中法を始める資金が無い場合もここで紹介する援軍に協力して頂きましょう。

その援軍の名前は「インデックスファンド」。名前くらいは大抵の方が聞いたことはあると思います。

◆余裕が出てきたらインデックスファンドに移管

一点集中法の差額で儲かったお金はインデックスファンドで運用しましょう。その目的は、今まで稼いできたお金を最終プールすることですが、単に貯金するよりはもう少しお金が増える方向にするためです。これは将来の年金の足しにもなります。

本書はインデックスファンドの専門書ではないのですが、インデックスファンドが何か判らない方のために簡単に説明しておくと、一点集中法のように特定の銘柄ひとつに対して株を買い求めるの対し、少しづつ複数株をミックスしてバランスをとったものをイメージしてください。若しくは株だけでなく債権とか不動産とか別の資産も含めて運用するものもあります。

インデックスファンドも株を持っている自身の同じ証券会社の口座で買って管理することができます。

◆おすすめインデックスファンド

ここで私が個人的におススメするインデックスファンドをいくつか紹介しておきましょう。

最近、いろいろな本、雑誌、インターネットでインデックスファンドを目にする機会が多く、ご存知の方も多いと思いますが、インデックスファンドだけでも十分、一冊本が書けるくらい奥が深いです。しかし基本的にこの本はインデックスファンドをメインにした本ではないのでそこは他の本に任せることにして、ここでは私が過去にいろいろ経験して今おススメできるものをいくつか紹介するだけに留めておきます。

インデックスファンドに関してそれ以上のことを知りたい方はインターネットでも十分情報は手に入りますので是非ともググって（検索して）みてください。

（1）eMAXIS Slimシリーズ
（2）ニッセイシリーズ
（3）SBIシリーズ

他にもいっぱい良いものはありますが、とりあえず私の独断と偏見で3点だけ軽くおススメに触れておきます。

預けたお金を増やすためには利益から手数料や管理料を引いた値をどれだけ大きくするかです。そういう意味ではここに挙げた3点は購入時の手数料は無料のものばかりで、かつ信託報酬（管理費みたいなもの）が安いものです。

《1．eMAXIS Slimシリーズ》

一番に挙げるのはコレです。これの何が良いかというと、この商品の基本方針がいいです。その方針とは『業界最低水準の運用コストを将来にわたって目指し続ける』です。その証明として、実際、この商品が出てからずっと今までも継続的に業界最低水準になるように運用コストの見直しが実施され続けています。

注意点としては間違って「Slim」の付いて無い方を買わないように注意してください。「Slim」の付いていないただの「eMAXISシリーズ」は「Slim」の先輩なのですが、当時は良かったのですが今となってはコストが高いです。

《2．ニッセイシリーズ》

手数料の安さとして「eMAXIS Slimシリーズ」に引けを取らない商品で、よく競い合っています。扱っている内容がeMAXISと比べて少し違うため、好みの方を選ぶと良いでしょう。

《3．SBIシリーズ》

前者に比べると新参者ですが、コストの低さとして前者に追いつけ追い越せを狙っている若手実力者。しかも100円で毎日投資とか目新しいサービスもあり、今注目の商品です。

これら3点はそれぞれが国内株式か、外国の株式か、若しくは債権や不動産も入れるのか等、どれを運用するかでまた細分化されます。少しづついろんなものをバランスよく取り込んだものもありますが、私のおススメは本書全般を読むと何となく判ると思いますが、米国を中心とした株式のみです。米国だけでも良いですし、米国を中心とした先進国のみでも良いと思います。株式のみだとバランスが・・・と思われるかもしれませんが、株式だけでも複数銘柄をバランスよく組み合わせているため、勿論リスクはありますが一点集中と比べると遥かに安全です。

◆序盤の資金集めの状態の方は

一点集中法を始める前の段階で資金を集めている状況の方であれば、リスクよりは速度を重視するため、米国株一本で構成されたインデックスファンドが効果的かと考えます。一か国だけではリスクがあると考えるかもしれませんが、構成されている中身は複数の銘柄でバランスが保たれており、さすがにリーマンショック級が来るとダメージはありますがそのレベルが来ると日本株も他国も全て引きずられてダメージをくらいます。

それでももう少しバランスを重視したいと考えるのであれば、先進国株式だけで構成されているものが良いでしょう。米国株だけよりはリスクが減り、全世界株式で構成されているものよりは速度があると考えます。債権等、株以外の商品が混ざっているものは勿論、もっとバランスは取れていますがリターンが少なく、資金集めには時間がかかると考えます。

◆株価が戻らなくなったら援軍に依頼する

「ナンピン買い」、「配当」、「インデックスファンド」、この三手一組が一点集中法の最強構成要素。ナンピン買いで平均株価を下げることで利益を出しやすくし、配当で利益を上乗せ、それらの利益をインデックスファンドで平行運用することで分散投資効果をもたらす。そしてインデックスファンドがある程度貯まるとそれでまたナンピン買い資金にする。この三者お互いが助け合って相乗効果を生むプロセスが一転集中法のコアです。

◆NISAは気にしない

インデックスファンドについては本書ではあまり突っ込みませんが、各々でインデックスファンドについて勉強するといろんなところから「NISA」という言葉が出てくると思います。なのでこの「NISA」についてだけ少し触れておきたいと思います。

NISAは普通の「NISA」と「積立NISA」の2種類あります。ただ、どちらも日本政府が日本人は投資家が他国に比べて少ないという現実に対しての対策で出来た制度で、少額投資用の制度です。積立NISAは年間40万までの投資で利益が非課税。普通のNISAでも120万円（2019年現在。たまに変わります）までの投資で利益が非課税になります。

しかしこの投資範囲では一点集中法では正直、キツイです。短期間で利益を確定させるための売り買いサイクルを行っているとあっと言う間に年間120万円は超えます。

ではNISAの限度までだけ投資するということも考えることはできますが、NISAはNISA以外で投資した株と一緒に損益計算出来ないため、ナンピン買い中に120万円以上投資した時点でNISAでない通常の投資となり、平均単価をNISAと通常の別々で計算することになります。そうなると税務上の利益計算も別々になり、大した額ではありませんが単に面倒なだけになります。

その他にもNISAはある条件で損をしても利益が出た扱いになり、税金を取られる落とし穴もありますが一点集中法ではあまり該当しないと思いますので本書ではあまり突っ込まないでおきます。とりあえずここで言いたいのは「NISA」という言葉は無視しておいて構わないということです。

◆IDECOも関係ない

「NISA」について勉強していると、インターネットや各種実用書等で「IDECO」

という言葉も目にするかもしれません。しかしＩＤＥＣＯは年金に関する制度で通常の投資とは関係ありません。とりあえず目についても無視して問題ありません。

但し、あなたが株で儲ける以外に年金についてもいろいろ検討されている場合はＩＤＥＣＯを検討する価値はあると思います。特に現時点ではまだ案の状態ですが、確定拠出年金とＩＤＥＣＯを今は併用出来ないことが多いですが、もうすぐ出来るようになるとの話があります。それについては私も少し興味を持っています。

コラム９「ＡＩで淘汰される業界は？」

各種業界にＡＩが少しずつ入り込んできています。それにより、将来ＡＩに仕事を奪われる労働者が増えると言われています。このコラムでは、株に関わる話としてどの業界がＡＩに淘汰される恐れがあるかについて考えたいと思います。

私がまず考えるのは銀行、証券会社等の**金融業界**です。これこそ現状、ほぼシステム化出来ており、審査等、特別なことがなければほぼ窓口に足を運ぶことはなく、インターネットで各種操作が出来ます。ビットコインが一時の爆発的ブームから冷めてしまいましたがこれら暗号通貨がもし世界標準になると一気に淘汰されるでしょう。

次に気になるのが**自動車業界**。昔の若者は若くして競ってローンで自動車を購入していましたが今の時代、買う人はどんどん減ってきています。ただ、買わなかったとしても輸送の必要はまだ続くため、無人運転自動車の開発は続きます。自動車開発に関わるどの工程の労働者が淘汰されるのかは注意が必要です。

10. 終わりに

最後に伝えておきたいことを何点か紹介します。

最後に伝えておきたいこと

いよいよ最後の章となりました。この章ではここまで説明してきた一点集中法をこの先どうするのかについて、及びその他、気を付けておく必要があること諸々について述べて終わりたいと思います。

◆たまには息抜きも必要

一点集中法を継続し、利益が出てもそれを全てインデックスファンドにまわす。それを繰り返していれば素晴らしいサイクルで資産が形成されていくでしょう。しかし人間、何のためにお金を稼いでいるのかというと生活にゆとりを加えるためです（今なのか将来なのかはともかくとして）。長い投資期間の最終ゴールを決めていたとしても、人間はそこまで息を止めてずっと走り続けることは出来ません。どこかで息継ぎが必要です。特に人間はいつ何が原因で死ぬかも判りませんのでお金だけ貯めて次の日に事故死なんてことになったら一応、残された家族のために、という考えも無いことは無いですが、やはり勿体ないものです。なので増やすこともよいですが、たまには何かご褒美に使うことも考えましょう。たまにはちょっとリッチな食事でも良いし、どこか遊びに行くのでも良いと思います。株を売って利益が出たとき、その利益で別の価値を生み出したとき、それはそれで投資の目的を一つ果たしたと言えると思います。

◆会社四季報を使い倒せ

会社四季報についてはいろいろ前述してきましたが、皆さまには是非とも会社四季報を使い倒してほしいです。

会社四季報は春夏秋冬と年4回発売されますが、かく言う私も実は4回も買っているわけではありません。ただ銘柄を探すつもりがない時期でも年2回以上は必ず購入しており、その際はじっくり1ページ目から軽く最後まで目を通します。すると毎回必ずといっていいほど新しい発見があり、社会勉強にもなりますし、博識にもなります。各社の方針を見ることで、この業界はここ最近こういった傾向が見られ、自社でも検討したほうがよいネタや、ビジネスチャンスに気付くこともあります。

ついでに話しておくと、会社四季報を本で見ていると気付きやすいと思いますが、銘柄コードにはちょくちょく抜け番があります。コードは小さい値から大きい値の昇順に並んではいますが、必ずしも連番にはなっていません。これらのコードは以前、倒産等により会社が無くなったということもあるかと思いますが、それだけではありません。企業が存続はしていますが上場を何らかの理由で廃止したかもしれませんし（ネガティブな理由でなくても上場を廃止することはあります）、あと機関投資家（プロの投資家）しか購入できない銘柄のコードも企業自体は上場していますが四季報には抜け番として掲載されていません。そういった銘柄はどちらにせよ一点集中法には向かない銘柄ですので気にする必要はありません。そういった企業もこの世には存在しているんだという知識だけでよいかと思います（プロ投資家用の銘柄もインターネットで銘柄コードと銘柄名を探すことは出来ますが、一般投資家は現在の株価等の情報は見れません。でもそういった企業でも一般銘柄と同様に株主優待を出す企業もあります）。

10. 終わりに

◆一点集中法を終わるタイミング

一点集中法は通常運用していてもそんなにしんどくありません。通常のデイトレのようにずっと真昼間からモニタをガン見するわけでもなく、毎日決まった時間に現在の状況を見て調整するだけですので、体力、精神力的な問題で辞めるということは無いと考えます。しかし自分ではなく、周辺環境の変化による終了時期は意識する必要があると思います。

特に前述したように日本経済は衰退する一方ですので、どのタイミングで終了するのか、それともこの株はダメだけど、まだ日本株全体としては狙い目があるのかを常に日頃から見極める気持ちでテレビ、新聞、インターネット、会社四季報にアンテナを立てておくことが重要です。大事なのは、今投資中の銘柄が最後、値下がりしているのに種銭も尽き、ナンピン買いも出来ず、四季報で確認してもこの先の光明が見えないという状態に陥ることです。こうなると今まで小刻みに儲けてきたのにその株を売るとトータルで大損になります。それだけは何としても避けたいところ。

この本を読んで普通に運用していれば四季報でこの先の光明が見えない株に種銭が尽きるほど投資することはないと考えますが、過去にも何度かあった大事故、リーマンショックが突然起きると大変です。

一点集中法はそんなときにも被害を最小限に抑えるように、少額の利益が出ればなるべくすぐ全てを売りきることで、手元には株よりも現金が置いてある期間を高めています。しかし、どうしても右肩下がりが続いた状態のときに急なリーマンショック級が起きると現金が尽きる可能性はゼロではありません。万一そうなったときは仕方がありません。そのときが神様が「もう終わりですよ」と言ったと判断しましょう。

私もリーマンショックを経験していますが、投資した株は塩漬けにしておくと、いつかは大体しばらく待てば元に近い状態に戻ります。それは一点集中法の方針としてそのような体力のある銘柄を選ぶようにしていて、かつナンピン買いである程度平均価格を下げた状態にしていたからです。

また、一点集中法で長期間運用していると、当初その銘柄を選定した条件から今は外れていることが多々あります。それでも運用を続けている間、利益もしっかり出ていると辞め際が見極められないことがあります。前述しましたが、株価はその会社の経営成績ではなく、投資家にいかに人気があるかで決まりますので、会社の経営成績が徐々に下降線を辿っていたり、悪いニュースが入ったとしても人間は目先の利益を見ると目が眩みます。特に手続きが簡単だと「もう1回転だけしておこう」とかどうしても手が止まらないことは理解できます。

そうなると自然と手が止まるのはもうこれ以上ナンピン買いが出来なくなったときですのでそこで一度冷静になって頂き、その間も一応配当金が暫くは手元に入ってくる可能性が高いので、それを手にしながら今後の方向性についてゆっくり検討して頂ければと思います。

また、定期的に会社四季報で出来れば全体、時間が無ければ一点集中法をしている銘柄の業界全体に軽く目を通しておいて頂きたいです。そうすることで国内のその業界が衰退気味、若しくは国内全体が遂に衰退を辿り始めていることが判るかもしれません。これ自体は今後必ず来ると思いますが、さすがにまだどの日本人も（いや、人類全体でも）未経験の領域ですので私も「来たか！」という正しい判断を出来るか判りませんが数年後、十数年後のことかもしれないので注視しておく必要があります。

こういった業界全体や企業全体を見るときはオンライン版よりも書籍の方が私は読みやすいです（ページを折り曲げたり線やマークを記入したり出来るので）。

◆最終的には海外インデックスファンドに吸収させたい

日本は今後、人口減で先は見えています。先の見えている日本株に対して長期保有運用は極めて危険です。だからこその一点集中法なのです。

あくまでも今のうちになるべく儲け、儲けた差額はどんどん海外インデックスファンドに移行します。そして最終的には一点集中法の原資そのものも移行させちゃいましょう。インデックスファンドからナンピン買いにいくプロセスも説明はしましたが、あくまでもそれは非常手段。出来るだけそうはならないようにして後半戦はインデックスファンドの方向に徐々に集約していきましょう。

幸いもう暫くの間は東京近郊に関しては人口は確保され、経済も局所的には維持出来るでしょう。一点集中法はその間、期限付きの儲け話です。

あと、インデックスファンドに吸収させた後ですが、そのまま置いておけばそのお金は自分自身で勝手に働いて稼ぎ続けてくれるため、出来れば一気に下ろしてしまうのではなく、必要になった都度、必要な額だけ下ろし、一日でも長く稼いでもらいましょう。

◆株は娯楽

日々の生活はあくまで本業がメインです。株だけでは暮らせません。特に定年前は。一点集中法は株に投資した資産を年利10％で倍増を目指す方法です。それで生活資金を捻出出来るようになる方々であれば仕事がなくても問題ありませんが、大抵の方はそうではないはずです。特に塩漬け状態になっても落ち着いていられる投資家でない限りは基本を自身の日々の仕事に置き、株の優先度は下げましょう。

最後にもう一度言っておきますが、この世に絶対というものはありません。最終的には自己責任になります。

危険なのは、あとちょっとナンピン買いをすれば持ち株の平均株価を押し下げ、実際の株価とトントンになると考えて生活資金を崩すことです。しかし株価というものは本当に底がどこにあるものなのか誰も判断出来ません。

もうこれ以上、上がらないだろうと思った株価が機関投資家の影響でそこから更に倍になることや、その逆は往々にしてあります。そうなった際、頼れるのは前述した援軍もありますが、やはり最終的には基本となる日々の本業なのです。そこで稼いだ生活資金を株に必要以上に投資してしまうといろんなところが崩壊する可能性が出てきます。

ここは念入りにリサーチしたその企業、そしてリサーチした自分を信じ、ひたすら本業に気持ちを打ち込んで株価が戻るのを待ちましょう。その間もその企業の配当金が自身を援助し続けてくれるはずです。

◆株主優待制度についての補足

株主優待制度について、その影響等をいろいろ前述してきましたが、少し補足しておきます。

株主優待品は忘れた頃に突然届いたりするものですが、サプライズ感もあってモノによっては結構嬉しいこともあります。特に私の場合はQUOカードだったりカタログギフトだったりが突然届くと家族にも喜ばれますし、その銘柄に好印象を持ちます。

しかしそもそもその株主優待制度は日本独自の制度で、海外には存在しません。何故日本だけそんな制度があるのかは判りませんが、単に株主に対して定期的に優待しておくと株を売らずに保持しておいてくれるのではないかとか株を購入してくれる人が増えるのではないかといった心情を経営者側が持っていて始めたのではないかと思われます。

では何故、海外では株主優待制度が無いのでしょうか？それは単に無駄だからだと思います。投資家からするとQUOカードを1，000円分貰うよりも配当金で1，000円貰った方が使い勝手が良いです。カタログギフトも3，000円分の価値があったとしても、現金で貰う方が価値が高いはずです。

海外のスタンダードな優良（人気）銘柄は毎年配当金額が上がり続けている企業と考えられています。たまにＡｍａｚｏｎのように配当金を殆ど出さず、そのお金を設備投資に回し続けるのに人気のある企業はありますが、そういった企業はまだまだ少ないです。米国では１０年以上増配を続けている企業が結構あり、３０年以上連続増配の企業もあります。前述した通り、配当金を出すとその分、会社の資産が目減りするため（かつその中から税金も取られるため）、嫌う株主も居ますが、やはり連続増配を続ける企業の株は長期でそれも持っておくだけでそれなりの資産形成が出来るため、根強い人気があります。

この毎年連続で増配を続けるというポリシー?を明言はしてないかもしれませんがそれを戦略としている企業は日本にもいくつかあります（インターネットで検索してみるといくつか候補がヒットすると思います）。そういった企業の経営者は配当金を上げ続けることが株価の向上に繋がると考えているからだと思います。

しかし日本には逆に配当金は少なくし、その分、優待品を出すという企業が結構あります。これはある意味、戦略もあるかと思います（自社製品を優待にすると実際の販売価格より安く調達できるため、配当金よりも安くつく）。しかも実際に株主優待が株価を押し上げることは事実です。冷静に考えると意味が無いと判るのですが、1，000円のＱＵＯカードを貰うために3月末の権利確定日前にその銘柄の株を購入すると皆も買っているため株価が上がっており、1万円以上株価が値上がりしてから掴んでいて結局、差し引きすると9，000円の損ってことはよくあります。

それでも日本人は目先のニンジンを見ると思考回路がおかしくなるのか優待品の人気銘柄の株価は権利確定日の1、2か月前から株価が急上昇し始めます。その急上昇を狙っている投資家もしてそのタイミングで売りも出ますが全体的には権利確定日に向けて上昇傾向は続きます。なので一点集中法では前述したとおり優待品を貰うことには期待しませんが、日本では優待品によって株価が上がる割合がかなり左右されるため、ターゲットとなる企業の優待品の内容とその回数（決算日だけか中間決算の日もか）は気にしておく必要があります。

日本でそういったような配当が少なくても優待で株価上昇効果が続く限り、企業経営者も優待制度を辞められないかもしれませんが、今後日本も日本人の数が激減するため、海外の投資家に向けて優待ではなく配当金を増やす方向に徐々になっていくと思われます。ちなみに海外の投資家へは日本の株主優待品は送られないことが多いようです。

◆保険を用意しておく

ここでの保険というのはいわゆる生命保険みたいなものですが、一般的なものではなく、単に株、及びインデックスファンドの運用を身内に知らせておくことです。これは前述しましたが人間、いつどこで死ぬか判りません。若しくは死ななかったとしても脳死、若しくは意思の伝達手段が不可能になるような後遺症を受ける可能性もあります。そのときのために株やインデックスファンドへのアクセス方法（アクセスＵＲＬ、ログインアカウント、パスワード等）を最低でも一人、相続対象者には常日頃から伝えておきましょう。

コラム10 「ピンチのときこそチャンス！」

これまでリーマンショックや9・11、そしてコロナショックなど、世界的な株価下落は幾度も起きました。そしてこれからも起きるでしょう。その度に多くの人は「**やはり株はリスクが高い**」と敬遠してきました。株価が下落すること自体がその証拠です。しかし株で儲ける人の殆どの人はこの経済的ピンチのときこそビジネスチャンスだと考えています（勿論これらの出来事でご不幸があった方々には経済とは別次元でお悔やみ申し上げます）。逆にこのタイミングを投資のチャンスと思えない人は儲ける才能が無いと思います。

その企業の不祥事で下落したのであればともかく、別の要因で売られただけであればその企業の経営には何の問題も無いため、必ず元に戻ります。もしかすると不祥事で下落したとしてもまさに「**ピンチのときこそチャンス！**」会社自体に体力があるのであれば世間は意外とすぐに風化するため、結構早めに株価が戻ったりします。

下落したときこそ仕込み時期と考えて購入出来る人は必ず成功します。

あとがき

一点集中法は本書を最初から最後まで読むと感じてくれると思いますが、私が日本経済に対してネガティブなイメージを持っていること、そしてそのおかげで株価が右肩上がりにならないことを見込んで予算内で売り買い出来るシステムであること、が判ると思います。

日本経済の先があまり無いこと、そしてその理由は本書内、全般に渡って触れているので読み進めると理解して頂けると思います。

本来、株というものは一時的ならともかく、長いスパンで見ると時間と共に右肩上がりになっていくように出来ています。それを一点集中法はあえて否定し、今後、坂道を転がり落ちていく日本経済と一緒に利益をかすめ取りながら帆走します。

こういった内容の本を書いてはいますが、実のところ私にも子供がおり、心の中では日本の将来を本当に心配しています。日本政府もいろいろ考えてくれてはいるようで、でも自分の任期だけとしか考えていないようにも見えてよく判りませんが、この問題はもう政府だけではなく、国民全体の意識改革がないと解決出来ないでしょう。しかし現実的に考えて殆どの人が老害化し、若者が殆ど居なくなる状況で国民全員を同じベクトルに向けることなど出来るはずもなく、もう手遅れなのです。非常に寂しいですが、後はどれだけの期間、今の状況を持ちこたえられるのかだけだと考えています。

とは言いながらも、現実はその通りなのですが、残された子孫のことを考えると実はまだ私の心の中にはこの先、一点集中法が使えなくなるくらい株価が右肩上がりになることを祈っている自分も居るのは確かです。ただ、それを私の目で確認することは残された期間では出来ないでしょう（そのためにこの本を記したという側面もあります）。

では、本当に最後に。今、本離れが進んでいる時代に今回、私は生まれて初めての執筆となったのですが、睡眠不足の中、コロナ疑惑の私に代わって家事や消毒作業に明け暮れた妻、恵子、そして習い事や読書に忙しい中、挿絵を描いてくれた息子、遥仁、そして本書の編集窓口を担当して頂いた檜岡様、その他、協力、相談に乗って頂いた方々にお礼申し上げます。

<著者略歴>

清水 健司（しみず けんじ）

1974年、大阪府生まれ。ITコンサルタント。

社会人になってから現在まで一貫してIT畑を歩む。

現在は東証一部上場のIT企業に勤務。

保有資格はITストラテジスト、システム監査技術者、プロジェクトマネージャ、他（何故か宅地建物取引主任者も）。

学生時代から今日までずっとどうすれば株やら何やらで楽して生活できるかを考え続けている。

mail: kshimizu2jp@gmail.com

忙しい人でも手間をかけずに株で儲ける一点集中法

二〇二〇年七月一日　初版第一刷発行

著　者　清水健司
発行者　谷村勇輔
発行所　ブイツーソリューション
〒四六六・〇八四八
名古屋市昭和区長戸町四・四〇
電　話　〇五二・七九九・七三九一
ＦＡＸ　〇五二・七九九・七九八四
発売元　星雲社（共同出版社・流通責任出版社）
〒一一二・〇〇〇五
東京都文京区水道一・三・三〇
電　話　〇三・三八六八・三二七五
ＦＡＸ　〇三・三八六八・六五八八
印刷所　藤原印刷

ISBN978-4-434-27340-7